서버리스 아키텍처 입문을 위한

AWS Lambda로 시작하는 서버리스

서버리스 아키텍처
입문을 위한

AWS
Lambda로
시작하는 서버리스

김민준 지음

서문

본 책은 클라우드 서비스에 대해 배우고 싶은 학생이나, 아직까지 클라우드 서비스를 사용해본 적 없는 현직 개발자들을 위한 가장 기본적인 클라우드 입문서가 되길 바라며 집필했습니다. 필자 역시 대부분의 경력이 온프레미스 환경이었으며, 처음 접하는 클라우드 서비스에 머리가 꽤나 아프기도 했습니다. 당시의 경험으로 클라우드 서비스를 접근할 때 알아야 할 가장 기본적인 내용들로만 채우기로 마음을 먹었습니다.

과거에는 대부분의 IT종사자는 온프레미스라는 표현을 사용하지 않았습니다. 서버라 하면 당연히 데이터센터에 있는 서버(혹은 사내에 있는 서버)를 떠올리기 때문입니다. 하지만 클라우드라는 존재가 관심받고 사용되기 시작하면서 현재는 명확하게 구분하기 시작했습니다. 그리고 현재는 온프레미스인지 클라우드인지 클라우드라면 인스턴스 서버 환경인지 서버리스 환경인지를 구분하고 있습니다. 이러한 변화에 따라 기존의 Amazon, Google, Microsoft로 대표되는 클라우드 3사를 포함한 IBM 등의 많은 회사들의 성장이 뚜렷해지고 있습니다. 또한 Naver, Kakao와 같은 한국의 IT기업도 클라우드 산업에 뛰어들며 국내시장을 잠식하기 시작했습니다.

2019년 COVID-19는 전례 없는 규모로 많은 생명을 앗아가고 산업을 뒤흔들었습니다. 당연하게 여기던 생활들이 어느덧 '그때'라는 단어가 어울릴 정도로 전 세계 사람들의 생활 패턴이 바뀌었습니다. 그리고 그 변화를 받아들이는 과정 속에 클라우드로의 전환이 가장 두드러지고 있습니다. 업무 환경, 서비스 환경뿐 아니라 생활 환경에도 클라우드를 기반으로 구성된 환경이 변화된 세상에서 가장 적합한 환경을 제공해주었기 때문입니다. 어쩌면 아니 필연적으로 우리는 클라우드를 받아들여야 합니다. 그리고 그 발전을 따라가고 선도해야 합니다.

프로그래밍을 공부할 때 가장 효율적인 방법은 당장 알아야 할 간결한 개념 설명과 함께 즉시 소스코드를 작성하고 동작시켜 보는 것입니다. 직접 소스코드를 작성하고 실행환경을 구축하며 부딪히는 문제점들에 대해 해결해보는 과정을 겪어본 사람은 그 방법이 가장 빠른 기술 습득 행위라는 것을 알고 있습니다. 이 책은 입문 단계에서 어려울 법한 개념들을 지나치게 구구절절 설명하기보다는 간결하게 표현하는 데 중점을 두었기 때문에 차근차근 읽고 따라 해보면 어느새 클라우드 서비스를 사용할 수 있을 것입니다.

서버리스 아키텍처를 구성할 때 가장 중요한 점은 클라우드(제공사)에서 제공하는 여러 서비스들을 적절하게 조합하여 구성하고 어떻게 해야 적은 비용으로 최대 효과를 낼 수 있는지 고민해 보는 것입니다. 물론 경우에 따라 높은 비용을 지출하는데도 필요한 기능을 구현해야 할 상황도 있으며, 조직의 정책에 따라 적당한 비용에 적당한 효과를 필요로 하는 경우도 있습니다. 하지만 앞서 말한 여러 상황에서 가장 먼저 필요한 것은 각 서비스가 어떤 역할을 하는지 아는 것입니다. 그리고 그 서비스들을 직접 하나씩 사용해보고 연결해보는 것입니다. 이 책은 그 시작을 도와줄 기본서입니다.

이 책은 총 14장으로 구성되어 있습니다.

1장은 온프레미스부터 클라우드 그리고 서버리스까지의 변화된 환경에 대해 설명합니다. 클라우드 네이티브 패턴을 통해 FaaS를 서버리스의 특징 그리고 장단점에 대해 설명합니다.

2장은 이 책에서 다루는 Amazon Web Services(AWS)에 대한 설명과 회원가입하는 과정을 다룹니다.

3장은 AWS의 권한관리 서비스인 IAM에 대한 설명과 함께 사용자 계정 생성 및 권한 부여를 진행합니다.

4장은 AWS의 네트워크 관리 서비스인 VPC를 설명합니다. VPC의 서브넷, 라우팅 테이블, 인터넷 게이트웨이, 네트워크 ACL, 보안그룹을 설명합니다.

5장은 AWS Lambda가 무엇인지 그리고 어떻게 동작하는지 설명합니다. Lambda 함수의 특징과 런타임 환경을 알 수 있고, Lambda 함수 내의 설정을 알 수 있습니다.

6장은 AWS의 대표적인 스토리지 서비스인 Amazon S3에 설명합니다. S3를 사용하는 방법을 알 수 있습니다.

7장은 메시징 서비스의 대표적인 패턴인 메시지큐와 Pub/Sub에 대한 설명과 AWS의 메시징 서비스인 Amazon SQS와 Amazon SNS를 설명합니다.

8장은 API Gateway의 HTTP API와 REST API에 대해 알아보고 선택기준을 설명합니다.

9장은 모니터링에 쓰이는 Amazon CloudWatch에 대한 기본개념부터 Logs, 지표, 이벤트, 대시보드까지 다루고 있습니다.

10장은 서버리스 데이터 베이스인 Amazon DynamoDB에 대해 설명합니다. DynamoDB의 구성요소, 기본키, 보조 인덱스, 스트림 등을 다루고 있습니다. 추가로 Amazon RDS에 대해서도 확인할 수 있습니다.

11장은 통합관리에 사용되는 서비스 혹은 프레임워크를 설명합니다. AWS를 다룰 때 가장 기준이 되는 통합관리 서비스인 AWS CloudFormation부터 Serverless Framework 그리고 AWS CDK까지 실무에서 가장 많이 쓰이고 있거나 앞으로 가장 많이 쓰이고 발전할 것으로 예상되는 서비스들에 대한 내용을 다루고 있습니다.

12장에서는 서버리스 아키텍처의 가장 기본인 AWS의 여러 서비스 간의 연결을 예제 중심으로 따라 할 수 있도록 다루고 있습니다. Lambda 함수와 Lambda 함수의 연결부터 기타 다른 AWS 서비스들과 연결하는 방법을 설명합니다.

13장은 실습예제를 진행합니다. 실무에서 가장 많이 쓰이는 예제들 중 초보자도 충분히 따라 할 수 있는 예제들을 넣었습니다.

14장은 실습에 필요한 개발환경 세팅에 대해 설명합니다.

이 책을 다 읽고 따라 해보았다면 이제 막 클라우드의 서버리스에 익숙해지기 시작할 것입니다. AWS 클라우드에 대해 더 많은 정보를 얻는 몇 가지 방법을 소개합니다.

첫 번째는 단연 AWS documentation입니다. AWS의 각 서비스에 대한 설명서가 준비되어 있습니다.

AWS documentation - https://docs.aws.amazon.com/

두 번째는 AWS의 한국 블로그입니다. 이 블로그를 통해 AWS의 새 소식을 접할 수 있습니다. 'AWS 주간 소식 모음'은 매주 월요일마다 지난주 업데이트된 국내 AWS 관련 콘텐츠를 정리한 글이 올라옵니다.

AWS의 한국 블로그 - https://aws.amazon.com/ko/blogs/korea/

세 번째로 Facebook의 AWS 한국유저그룹(AWSKRUG)을 추천합니다. 이 그룹에 가입하면 새로운 정보에 대해 꽤 빠른 시점에 피드를 통해 정보를 얻을 수 있습니다. 그리고 이 그룹은 분야별 소모임을 운영합니다. 대표적으로 '서버리스 소모임' 부터 '데이터 사이언스 소모임' 등이 있습니다. 한국의 Serverless Heros를 포함하여 많은 인원이 '서버리스 소모임'에 참여하고 정기적인 밋업을 통해 각각 서버리스 경험이나 기술 정보 등을 나누고 있습니다.

AWSKRUG - https://www.facebook.com/groups/awskrug/

네 번째는 AWS 관련 유튜브 채널입니다. AWS Korea에서 운영하는 Amazon Web Services Korea이 있습니다. 이곳에서는 온/오프라인 세미나 발표영상이 있습니다.

Amazon Web Services Korea Youtube - https://www.youtube.com/user/AWSKorea

추가로 AWS Korea의 에반젤리스트로 활동하고 있는 윤석찬님의 채널도 추천합니다. 이 채널에서는 '차니의 클라우드 클리닉', 'AWS 클라우드 기술 강연 모음' 등 유익한 영상들이 준비되어 있습니다.

윤석찬 Youtube - https://www.youtube.com/c/channy

다섯 번째 AWS 자격증에 대해 정리되어 있는 '비공식 AWS 공인 솔루션스 아키텍트 - 어소시에이트 수험가이드'입니다. AWS Korea Tech Trainer로 활동 중인 정도현님이 AWS 자격증 관련 정보를 모아둔 곳으로 github를 통해 꾸준히 갱신되고 있습니다. AWS 자격증 취득에 관심이 있다면 해당 사이트를 이용하면 큰 도움이 될 수 있습니다.

github - https://github.com/serithemage/AWSCertifiedSolutionsArchitectUnofficialStudyGuide

이외에도 많은 기업들이 기술 블로그를 운영하고 있습니다. 이러한 정보들을 이용하여 본인에게 직/간접적인 학습을 꾸준히 진행하면 클라우드에 접근하는 넓은 시야를 가질 수 있을 것입니다.

이 책을 집필하는 데 여러 도움을 주신 '자바의 정석' 저자 남궁성님, 코드스쿼드 정호영님, beNX 강대명님, 라인플러스 강현식님, AWS Korea 류한진님, 메가존 클라우드 김용옥님, 그리고 김용기님을 포함한 비제이퍼블릭 출판사 관계자 분들께 감사드립니다.

저자 소개

김민준

서일대학교에서 컴퓨터전자공학을 전공하고, SK F&U에 입사했다.
이후 잡코리아를 거쳐 지금은 프리랜서 소프트웨어 엔지니어로 살아가고 있다.
마이크로소프트웨어 398호에 '서버리스를 활용한 분산처리'를 기고하였고, MASO-
CON 2019(마이크로소프트웨어 컨퍼런스)에서 동일한 주제로 발표했다.
주로 백엔드와 아키텍트를 담당한다. 운영의 경험을 통해 업무를 익히고 그 안에서 문
제점과 개선점을 해결하는 것에 많은 흥미를 느끼고 있다.

베타 리더 리뷰

이 책은 Lambda 사용법뿐만 아니라 구조와 요금, 그리고 부가적인 AWS 기능들 활용법 등 AWS를 이용하여 서버리스 아키텍처를 구성하는 경우 필요한 많은 부분이 담겨 있습니다. Lambad 사용 시 AWS의 다른 기능들을 연동할 때 많은 애로사항이 발생하는데 이 책이 해결사가 되어 줄 수 있습니다. 이론뿐만 아니라 AWS 화면 캡처본이 포함된 실습이 있어 서버리스를 처음 접하거나 관심 있는 개발자 분들께 추천드립니다.

임수현

최근 많은 기업에서 AWS를 도입하는 등 클라우드 서비스에 대한 기업들의 관심이 크게 높아지고 있습니다. 특히 구축 및 관리 비용을 획기적으로 낮출 수 있는 서버리스의 개념이 대두되고 있습니다. 이 책은 AWS에서 람다를 이용하여 함수 호출 횟수와 수행시간에 따라 과금이 되며 서버리스와 가장 가까운 FaaS를 구현하는 방법을 소개합니다. 이를 위해 AWS 프리티어 계정 가입부터 시작하여 서버리스 서비스를 만들어 볼 수 있도록 구체적인 실습을 진행합니다. 진입장벽이 생각보다 높은 AWS의 활용능력 증진은 덤으로 자연스럽게 따라올 것입니다. 지금까지 On-premise 환경에 익숙하지만 비용절감을 위해 AWS를 도입할 생각을 진지하게 고민하고 있는 개발자 분들께 적극 추천합니다!

임혁

AWS Lambda 공식 문서를 보고 숨이 턱 막힌 Serverless Computing에 관심 있는 클라우드 입문자라면, 이 책을 따라가 보세요. Zero에서 Hero까지, AWS Lambda에 대해 차근차근 공부할 수 있습니다. 서버리스 기본개념뿐만 아니라 AWS에서 제공하는 서비스가 무엇인지 알 수 있고, 더 나아가서 AWS의 핵심 구성요소에 대해 학습할 수 있습니다.

원동식

아직 한국에서 AWS Lambda에 대한 국내 저자의 서적을 찾아보기 힘든데, 국내 저자가 쓴 만큼 조금 더 쉽게 와 닿을 수 있다고 생각합니다. 메뉴 하나하나 설명하고 있으며 따라 하다 보면 AWS Lambda와 다른 기능들을 사용하며 조금 더 효율적인 시스템을 구축할 수 있습니다.

송진영

목차

## CHAPTER 01

서버리스

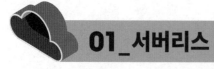

01_서버리스

1.1 서버리스란?

서버리스라는 말은 서버^{Server}가 없다(~less)는 뜻이다. 이는 물리적인 서버가 존재하지 않는다고 오해할 수 있지만, 서버에서 처리하는 작업을 클라우드 기반의 서비스로 처리하는 것이다. 서버를 직접 구축하지 않고 서비스를 사용함으로써 구축 및 관리 비용을 낮추고, 서버 운영에 따라 발생하는 유지보수의 어려움을 줄이기 위해 필요한 순간에만 컴퓨팅 서비스를 제공한다.

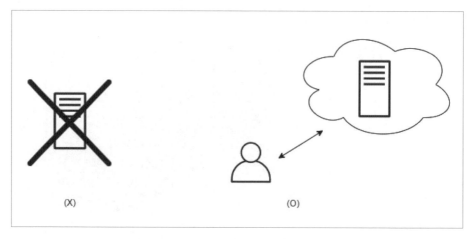

[그림 1-1] 서버리스에 대한 오해(서버가 없음(X), 서버 작업을 클라우드 서비스로 처리(O))

1.2 Cloud Native Patterns

서버리스를 이해하기 위해서는 'XaaS(Everything as a Service)' 또는 '클라우드 네이티브 패턴'Cloud Native Patterns'에 대해 살펴볼 필요가 있다. [그림 1-2]는 오래된 환경(좌)에서부터 서비스를 직접 제공해주는 SaaS(우)로 인프라부터 소프트웨어까지 서비스 제공의 형태가 바뀌고 있는 것을 의미한다. 온프레미스*On-premise 방식은 여러 사항을 고려해야 한다. 이런 어려움을 극복하기 위해 클라우드는 온프레미스의 제한적인 상황을 벗어나 조금 더 자유로운 환경을 제공하기 시작했다. 인프라 요소를 서비스로 제공하는 IaaSInfrastructure as a Service의 등장으로 인프라 구축이 편리해지기 시작했지만 완벽하지 않았다. 불편한 사항은 꾸준히 발생했다. PaaSPlatform as a Service가 등장하며 플랫폼을 제공받는 환경으로 변화하였고, 관리포인트가 줄어 애플리케이션에 집중할 수 있는 환경이 만들어졌다. 이렇게 서버관리의 부담 없이 서비스 제공자(클라우드 회사)가 제공하는 서비스를 활용해 인프라를 구축하여 번거롭지 않았다. 그러나 PaaS도 플랫폼 위에 서버를 띄워야 하는 환경이기 때문에 비용이 크게 줄지 않았으며 직접 관리해야 하는 서버 리소스는 여전히 존재하였다.

FaaSFunction as a Service가 등장하면서 비용을 획기적으로 줄일 수 있게 되었다. 이를 서버리스라고 한다. PaaSPlatform as a Service와 차이점은 플랫폼 단위가 아닌 함수단위로 제공해줌으로써 관리할 서버가 없어졌다는 것이다. 확장의 경우도 PaaS는 서버단위로 하지만 FaaS는 함수단위로 한다.

Legacy(오래된 방식을 의미)

  - 인프라부터 애플리케이션까지 구축

IaaS(Infrastructure as a Service)

  - 하드웨어와 가상화, OS 등 인프라 요소를 서비스로 제공 (예: AWS EC2)

CaaS(Container as a Service) :

  - 서비스 형태로 제공되는 컨테이너**를 활용하여 배포 (예: AWS ECS)

---

* 온프레미스(On-premise)란 소프트웨어 등 솔루션을 클라우드 같은 원격 환경이 아닌 자체적으로 보유한 전산실 서버에 직접 설치해 운영하는 방식을 말한다. 온프레미스는 클라우드 컴퓨팅 기술이 나오기 전까지 기업 인프라 구축의 일반적인 방식이었기 때문에 이전 또는 전통이라는 단어와 함께 사용된다.

** 컨테이너는 애플리케이션이 동작하기 위한 최소한의 요소들을 묶어 패키징하여, 독립적으로 배포와 실행을 가능하게 하는 환경을 가상화한 형태이다. 대표적으로 오픈소스 컨테이너인 Docker가 있다.

PaaS(Platform as a Service)

- 애플리케이션 개발에 집중할 수 있도록 인프라와 런타임 환경을 제공 (서버 리소스 스펙과 사용시간에 따라 과금) (예: AWS Elastic Beanstalk)

FaaS(Function as a Service)

- 실행할 함수코드만 구현 (함수 호출 횟수와 수행시간에 따라 과금) (예: AWS Lambda)

SaaS(Software as a Service)

- 제공되는 소프트웨어 사용 (예: Gmail, Dropbox)

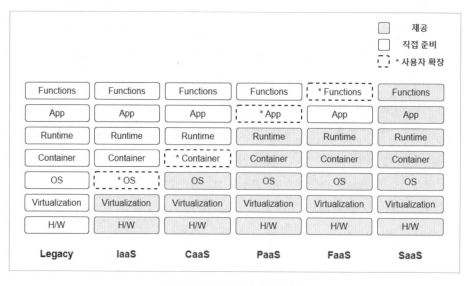

[그림 1-2] 클라우드 네이티브 패턴

1.3 서버리스의 형태

일반적인 서버리스는 두 가지 형태로 나눈다.

- BaaS (Backend as a Service)

- FaaS (Function as a Service)

BaaS는 그동안 개발자가 직접 구현하던 백엔드의 부분부분을 서비스로 제공받는 것이다. 과거와 달리 현재 클라이언트의 환경이 좋아졌다. 이에 따라 프론트엔드 프레임워크는 더욱 발전하고, 서버를 이용하던 많은 로직들이 클라이언트에서 처리되는 경우가 늘어났다. 서버를 직접 구축하고 프로비저닝*하여 관리하는 서비스들이 등장하면서 서버에 대한 작업은 단순해지고, 이를 통해 관리에 대한 리소스가 줄어들었다. 이제는 컴퓨팅 리소스, 스토리지, 네트워크, 머신 러닝, IoT 등은 서비스를 통해 제공받을 수 있다.

예로 Auth0, AWS Cognito** 같은 인증서비스나 구글의 모바일 앱 백엔드 서비스인 Firebase가 있다.

[그림 1-3] Firebase(좌) AWS Cognito(우)

FaaS는 함수를 서비스로 이용하는 것이다. 개발자가 환경을 구성하고 서버코드를 작성하는 것이 아닌, FaaS를 이용함으로써 함수만 구현하면 된다. 서버코드를 실행하기 위해 서버를 구성하고 코드를 배포하던 형식을 줄이고, 원하는 로직만 함수를 기반으로 구현한다. 각 클라우드 서비스 제공사의 조건에 충족시키면 실행된다. 함수가 호출

---

* 프로비저닝(Provisioning)이란 사용자의 요구에 맞게 시스템 자원을 할당, 배치, 배포해 두었다가 필요시 시스템을 즉시 사용할 수 있는 상태로 미리 준비해두는 것을 말한다.

** Amazon Cognito는 웹 및 모바일 앱에 대한 인증, 권한 부여 및 사용자 관리를 제공하며, 자격 증명 풀을 통해 기타 AWS 서비스에 대한 사용자 액세스 권한을 부여할 수 있다.

되면 컨테이너(혹은 VM)이 실행되며 정의한 함수가 런타임(실행 환경) 내에서 실행된 다음 컨테이너(혹은 VM)이 종료된다. 이벤트^{Event} * 기반으로 동작하며 단일 함수로 간단한 작업만이 아니라 여러 함수, 다른 서비스들을 연결하여 복잡한 로직 구현도 가능하다. 이는 Amazon Web Services에서 제공하는 AWS Lambda가 대표적인 FaaS이다.

예를 들어 Amazon S3$^{Amazon \ Simple \ Storage \ Service}$에 AWS Lambda를 트리거^{Trigger} ** 하면 Amazon S3에 업로드를 진행할 때 서버코드를 AWS Lambda로 실행할 수 있다. 요청 수에 맞추어 확장도 가능하다. 그리고 사용하지 않을 때 비용이 나가지 않는다.

1.4 서버리스의 예

[그림1-4]는 기존에 일반적으로 온프레미스 환경에서 애플리케이션을 구성하는 모습이다.

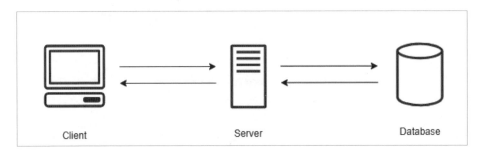

[그림 1-4] 3-Tier

Client 〉 Server 〉 Database 〉 Server 〉 Client 로 진행된다. 이는 웹, 응용 프로그램을 구현할 때 사용하는 가장 일반적인 3^{Three}-Tier 구성이다. 많은 기능들을 하나의 서

---

* 이벤트(Event)는 명령(Command)하지 않고 관찰(Observe)하는 것이다.
** 트리거란 특정 이벤트 혹은 변화를 감지하여 사전에 정의한 액션을 실행하는 것이다.

버Server에서 필요한 기능을 구현해둔 로직에 따라 진행한다.(서버는 24시간 구동한다.)
클라이언트는 특정 기능에 대한 요청을 서버에 하게 되고 기능에 따라 데이터베이스
Database에 접근하기도 한다. 그리고 요청한 내용에 대한 결과값을 다시 클라이언트에
게 돌려준다.

FaaS 기반으로 구조를 변경해보면 [그림 1-5]와 같다.

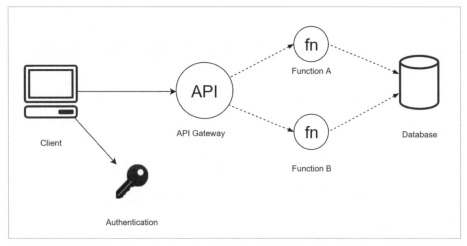

[그림 1-5] FasS 기반 구조의 예

Client에서 Authentication Service를 호출한 후, 인증을 받고 API Gateway을 호
출하여 원하는 함수에 접근한다. 함수는 호출 즉시 컨테이너에서 실행되며, 호출하지
않을 때는 서버가 구동되지 않는다.

위의 2가지 구성도의 차이점은 무엇일까?

[그림 1-4]는 서버가 24시간 ON 상태이다. 만약 새벽시간에 접속자가 없더라도 서버
사용비 청구를 받는다. 사용자가 특정 기능만 사용하는데도 부하가 된다면 서버를 늘
려야 한다.

[그림 1-5]와 같이 구성하면 '만약 Function A에는 단시간에 많은 호출이 발생하고, Function B에는 접근이 없다'라면 이때 Function A의 동시성을 올리면 된다. 2번의 구조는 사용자가 없을 때 혹은 필요한 1개의 기능만 사용했다면 사용한 만큼만 청구된다. 조금 더 자세하게 이해하기 위해서는 스케일 아웃Scale-out과 스케일 업Scale-Up의 의미를 알아야 한다.

1.5 스케일 아웃(Scale-Out)과 스케일 업(Scale-Up)

만약 서버 1대로 처리가 가능한 운영환경에서 갑자기 이용자가 증가하거나 확장이 필요할 경우 스케일 아웃과 스케일 업 두 가지 방법으로 확장한다. (반대는 스케일 다운 혹은 스케일 인이라고 한다.)

스케일 아웃이란 서버를 여러 대 추가하여 시스템을 확장하는 방법이다. 1대가 허용할 수 있는 양을 벗어나면 서버에 부하가 걸리고 이는 곧 서비스 장애로 진행된다. 이때 3대를 추가함으로써 대응할 수 있다.

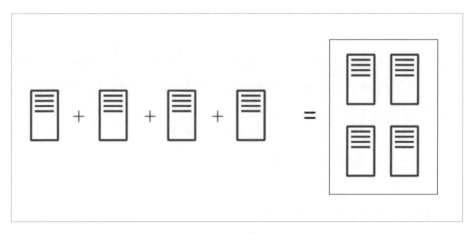

[그림 1-6] 스케일 아웃(Scale-out)

하지만 이와 같이 구성하면 각 서버별로 균등하게 부하를 나눠주기 위해 로드밸런서 Load Balancer가 필수다. 로드밸런서는 컴퓨터 네트워크 기술의 일종으로 둘 혹은 셋 이상의 중앙처리장치 혹은 저장장치와 같은 컴퓨터 자원들에게 작업을 나누는 것이다.

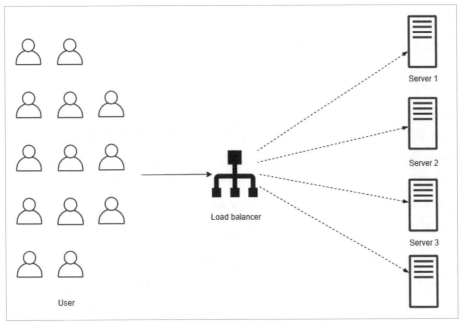

[그림 1-7] 로드밸런싱

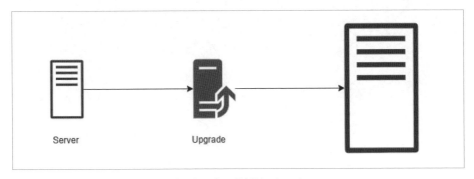

[그림 1-8] 스케일 업(Scale-Up)

스케일 업이란 서버가 처리할 수 있는 양을 늘리기 위해 CPU나 RAM 등 고성능의 부품으로 업그레이드 하는 것이다.

FaaS는 스케일링이 자동화되어 있다. 만약 1,000건의 요청이 있다면 기존에는 1,000건에 대해 처리하기 위해 스케일링을 수동으로 준비하여 대비하거나 다중 프로세스로 처리하는 코드를 작성했다. 하지만 FaaS를 사용함으로써 함수를 작성할 때 병렬 프로그래밍을 작성하면 서비스 제공자(클라우드 회사)가 이에 맞는 오토 스케일링 처리를 해주고 관리포인트는 줄어든다.

참고

2019년 발생한 COVID-19의 영향으로 대한민국을 포함한 전 세계의 교육이 오프라인에서 온라인으로 이동했다. 당시 온라인 교육시스템에서는 수많은 트래픽을 견디기 어려운 상황이었다.

주로 중/고등학생이 이용하는 EBS 온라인클래스 이숍EBS Software Learning Platform은 처음부터 Microsoft의 클라우드 Azure 기반으로 구축된 시스템이었다. 주로 초등학생이 이용한 한국교육학술정보원KERIS의 'e학습터'는 네이버 비즈니스 플랫폼NBP 클라우드로 구축되었다. 갑작스러운 상황에 300만 명이 동시접속 가능한 시스템으로 변경했을 때 빛을 발휘한 것이 클라우드 기반 구축 시스템이다. 수요 예측이 어려운 상황에서 서비스 용량을 증설하고 모니터링을 24시간 진행하며, 즉각적인 상황에 따라 대규모 서버를 구축하였다.

클라우드의 유연한 확장성을 이용하여 Web/WAS에 대해 수용량에 맞게 스케일 아웃으로, DB는 스케일 업으로 고성능 서버로 변경하였고 이를 예비 SET로 준비했다.

1.6 서버리스를 도입하면 NoOps*인가?

앞서 계속 관리포인트가 줄어든다고 언급했는데, 이는 줄어드는 것이지만 없다는 것이 아니다. 관리에는 모니터링, 보안, 네트워크 등이 있고, 필요에 따라 직접 스케일링을 하는 경우가 발생한다. FaaS가 오토 스케일링이 되지만 설정에도 한계(제한)가 있다. 운영 중인 시스템에서 이러한 문제가 발생하면 해결해야 할 전략이 필요하고, 시스템 관리자는 이를 대응하는 방법을 제시할 것이다.

NoOps는 문화적으로 구분을 두어야 한다. 초기에 작은 프로젝트를 진행하는데 NoOps가 가능할지라도 서비스의 크기가 커질수록 운영이 필요한 시기가 온다. NoOps라는 문화에 맹신은 불필요하다. 현재도 많은 기업에서는 NoOps를 지향하기보다 DevOps 문화를 도입함으로써 이를 해결해 나가고 있다. 또한 Cloud Architect를 조직에 별도로 두기도 한다.

1.7 FaaS를 이용하면 서버리스인가?

이에 대한 대답은 모호하다. 서버리스는 필요할 때 일시적인 컴퓨팅 서비스를 받는 것이다. FaaS만 보면 서버리스가 맞지만 서버리스 아키텍처와 별개로 보는 것이 맞다. 서버리스 아키텍처는 말 그대로 서버리스를 이용한 아키텍처 설계 방식이다.

서버리스 아키텍처는 FaaS와 다른 클라우드 서비스를 이용하여 서버관리를 직접 하지 않도록 구성하는 것이다. 물론 FaaS가 아닌 다른 클라우드 서비스들의 조합도 맞는 말이다. 만약 FaaS를 이용했지만 RDBMS와 연결한다면 이는 '절반 정도는 서버리스 아키텍처로 구성되어 있다'라고 표현할 수 있다.

AWS Lambda는 용량에도 제한이 있어 이보다 크게 되면 Lambda를 쪼개거나 혹은 AWS Fargate를 이용하여 컨테이너 기반 서버리스 아키텍처를 생각해볼 수 있다.

---

* NoOps(No Operations)는 IT 환경이 자동화 되고 추상화 되는 과정에서 인프라스트럭처와 애플리케이션의 운영조직이 존재하지 않는 프로세스 또는 업무환경을 의미한다.

AWS(Amazon Web Services)에서는 아래와 같이 정의하고 있다.

1.8 서버리스를 사용하는 이유는?

클라우드 서비스는 '서버리스의 전과 후로 나눈다'라고 표현할 수 있을 정도로 클라우드 서비스를 활용하는 방법과 사례가 많다. 이전까지 클라우드 서비스는 온프레미스 환경을 그대로 클라우드 환경으로만 옮겨 사용하는 사례가 대부분이었다. 예로 IDC^Internet Data Center에 기업의 서버가 존재하고, 기업은 IDC에 있는 서버를 활용해 서비스를 구축한다. 클라우드 서비스로 이를 옮기며 대체품으로 변경하듯 1:1로 전환하였다. IDC의 서버는 클라우드 서버의 인스턴스 서버로 그리고 파일서버로 사용하던 서버는 Amazon S3로 변경하는 등 단순히 전환하는 사례가 많았다. 이런 상황에서 서버리스라는 개념이 등장하였다.

처음 서버리스라는 존재가 세상에 나왔을 때 서버리스를 하나의 Job을 구성하는 것으로 사용했다. 쉽게 표현하자면 백^Back 단에서 프로세스를 진행하는 하나의 Worker로 인식이 되었다. 그러나 현재는 다르다. 어느 기업에서는 프론트엔드^Front-End를 Amazon CloudFront 서비스를 활용하고, 백엔드^Back-End를 AWS Lambda를 이용해 구축하여 서비스하고 있다. 또 어느 기업은 서버리스를 활용하여 대용량 처리 프로세스를 구축했다. Amazon Kinesis[*]와 Amazon Athena[**]를 활용하여 VPC 네트워크 트래픽의 분석과 시각화를 실행하기도 한다. 이전까지 어렵게 구축해왔던 대용량 빅데이터의 분석을 서버리스로 구현하고 이를 활용하여 추천시스템 등의 많은 시스템들이 구축되었다. 이렇게 하나씩 AWS에서 제공하는 서비스들을 조합하여 시스템을 구축하는 사례가 많아지며, 이를 이용하고자 하는 기업들이 대다수였다. 하지만 법적인 문제나 정책으로 클라우드 서비스를 이용하지 못하는 기업도 있다. 이를 위해 AWS에서는 AWS 클라우드 서비스와 동일한 환경이지만 물리적인 서버를 기업에 제공하는 AWS Outposts라는 서비스를 내놓기도 했다.

1.9 서버리스는 비싸다?

시스템을 서버리스로 구축하면 비용이 저렴하다. AWS Lambda는 요청 수, 실행시간에 따라 비용이 발생한다. 100ms단위로 반올림되고 요금은 할당한 메모리양에 따라 결정된다. 서버리스로 구성하면 특정 함수만 배포하면 된다. 애플리케이션을 전체적으로 배포하는 방법에 비해 조금 더 가볍고 능동적으로 유지보수가 가능하다. (하지만 경우에 따라 24시간 구동되는 서버가 더 저렴할 수 있다.)

> **참고**
>
> 넷플릭스[Netflix]는 AWS를 가장 많이 활용하는 기업 중 하나로 손꼽히는데, 넷플릭스가 이미지 프로세싱을 Lambda로 처리한다는 점이다. 기존에는 자체 개발하여 이미지를 동적으로 생성하였는데, 빠른 시작을 위해 Golang으로 Lambda를 이용하여 재개발하였다. 이에 응답이 가능한 새 인스턴스 시간은 EC2(인스턴스 서버) 기준 약 3분에서 Lambda로 변경하여 약 2초로 줄였다.

---

[*] Amazon Kinesis란 실시간으로 비디오 및 데이터 스트림을 손쉽게 수집, 처리 및 분석하는 완전관리형 AWS 서비스이다.

[**] Amazon Athena란 Amazon S3에서 표준 SQL을 사용하여 데이터를 쉽게 바로 분석할 수 있는 대화형 쿼리 서비스이다.

비용에서도 변화가 있었는데 일 기준 약 1,000달러에서 100달러로 1/10 감소하였다. 그리고 15~20배의 부하상황에서도 Lambda가 더 좋은 퍼포먼스를 보여 주는 것을 확인했다.

자세한 내용이 궁금하면 넷플릭스 기술 블로그(https://medium.com/@Netflix-TechBlog/)를 확인하면 된다.

Statistic	Existing EC2	Enhanced Lambda
Average Time to First Response of New Instance	3 minutes	2006 ms
Average Response Time of Warmed Instance	800 ms	1100 ms
Average Active Instances / Concurrent Executions	~1000 instances	<100 Preprocessor instances <25 Concurrent Executions in Lambda
Average Daily Costs	~$1000	<$100

[그림 1-9] 넷플릭스 이미징 처리 전/후 비교 이미지 (출처 - 넷플릭스 기술 블로그)

🔍 출처

https://medium.com/@NetflixTechBlog/netflix-images-enhanced-with-aws-lambda-9eda989249bf

1.10 FaaS의 단점은?

1. 상태유지가 되지 않는다.

    컨테이너(혹은 Micro VM)이 잠시 실행되는 환경이다. 이것은 상태 비저장Stateless을 의미한다. 서버코드로 상태 값을 유지하고, 그 값을 이용하여 로직을 구현하던 방식은 사용할 수 없다. 보완하기 위해 DB를 이용하는 방법이 있다.

2. 함수가 실행되기 위해 항상 준비된 상태가 아니다.

실행 시 약간의 지연시간이 발생하는데 이를 '콜드 스타트^{Cold Start}'라고 한다. 만약 함수를 실행했다면 함수를 실행한 컨테이너는 잠시 대기상태가 되는데 이때 다시 실행하는 것을 '웜 스타트^{Warm Start}라고 한다. 이는 준비되어 있어 처음 호출할 때 발생하는 지연시간이 발생하지 않는다.

3. 서비스 제공사(클라우드 회사)에 의존적이다.

Amazon Web Services 기반으로 설계되어 있는 것을 Microsoft Azure의 환경이나 Google Cloud Platform의 환경으로 변경하기 쉽지 않다. 각 서비스 제공사마다 제공하는 서비스가 다르고, 제한사항도 다르기 때문이다.

예를 들면 현재 AWS Lambda는 최대 실행시간이 15분이다. Azure Functions 10분이며 Google Cloud Functions 9분이다. 이러한 제한사항들은 각각 다르며 계속 변화하고 있다.

## CHAPTER 02

AWS란

02_ AWS란

2.1 Amazon Web Services 소개

아마존 웹 서비스는 2006년 아마존 닷컴의 클라우드 컴퓨팅사업부로 시작했다.

[그림 2-1] 아마존 닷컴(좌), 아마존 웹 서비스(우)

여기서 클라우드 컴퓨팅이란 인터넷(클라우드)을 통해 IT리소스(서버, 스토리지, 데이터베이스 등)를 제공하는 것이다. 비용, 속도, 확장성, 생산성, 성능, 안정성, 보안을 장점으로 꼽을 수 있다. 클라우드 컴퓨팅은 퍼블릭Public, 프라이빗Private, 하이브리드Hybrid 세 가지 유형이 있다.

- 퍼블릭 클라우드는 모든 리소스를 서비스 제공자(클라우드 회사)가 이용하는 것이다.
- 프라이빗 클라우드는 퍼블릭 클라우드와 반대로 독점적으로 사용하는 것을 말한다. 서비스와 인프라가 개인(혹은 회사) 네트워크에서 유지된다.
- 하이브리드 클라우드는 퍼블릭/프라이빗의 데이터와 애플리케이션을 공유하는 것을 의미한다. 기존의 인프라, 보안 규정준수를 유지할 수 있고, 비지니스에 맞추어 유연하게 많은 개발 옵션을 제공한다.

아마존 웹 서비스는 안전하고 신뢰할 수 있으며 쉽고 빠른 확장성과 비용을 절감할 수 있는 플랫폼을 클라우드로 제공하고 있다. 세계에서 가장 거대한 쇼핑몰인 아마존 닷 컴에 직접적으로 사용하며 안정성을 검증받고 있다. 또한 사용한 만큼만 비용을 지불함으로써 비용절감 효과가 있다.

아마존 웹 서비스를 사용하는 데 구분하기 어려운 것이 있다. 이는 AWS와 Amazon 이라는 서비스마다 존재하는 접두사이다. AWS ○○○는 도구라고 생각하고 Amazon ○○○은 재료라고 생각하면 이해하기 쉽다.

[예]
- AWS Lambda로 Amazon DynamoDB를 사용한다.
- AWS Batch로 Amazon Simple Queue Service(SQS)를 사용한다.

AWS는 서비스 지역에 따라 비용과 퍼포먼스가 다르다. 이 기준은 4가지로 나눈다.

1. 리전^{Regions} - 세계 여러 곳에서 서비스되는 AWS는 각 지역마다 데이터 센터들이 독립적으로 존재하는데 이를 리전이라고 한다. AWS에서 제공하는 서비스들은 리전에 따라 제공 여부가 다르기 때문에 확인을 필히 해야 한다.
2. 가용 영역^{Availability Zones} - 리전 안에 존재하는 데이터 센터의 논리적인 그룹이다. 실제 가용영역은 물리적으로 나누어 있지만 리전들보다 빠르게 통신하고 서비스 결합도를 높일 수 있다. 같은 리전에 다른 가용영역을 설정하여 재난이나 재해에도 서비스를 안정적으로 운영할 수 있다.
3. 로컬 영역^{Local Zones} - 로컬 영역은 리전 안에 존재하고 특정지역에 보다 빠르게 통신하기 위해 등장했다. (2019년 re'Invent에서 발표, 아시아에서는 오사카에 제공 예정했다.)

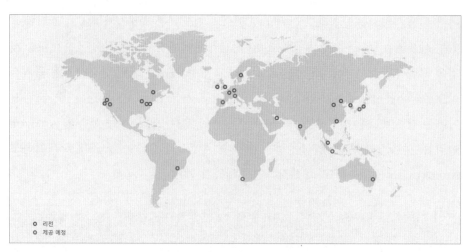

[그림 2-2] AWS Global Infra Map(https://aws.amazon.com/ko/about-aws/global-infrastructure/)

4. 엣지 로케이션^{Edge Location} - AWS가 CDN을 제공하기 위해 만든 CloudFront의 캐시서버이다. 여기서 CDN이란 Content Delivery Network의 약자로 여러 콘텐츠(HTML, Image 등)를 빠르게 사용자에게 제공할 수 있도록 전 세계 곳곳에 위치한 캐시서버에 복제해주는 서비스이다.

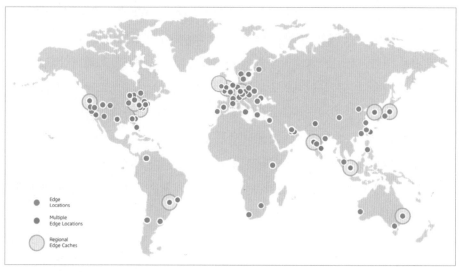

[그림 2-3] Amazon CloudFront Global Edge Network(https://aws.amazon.com/ko/cloudfront/features/)

2.2 AWS 가입하기

AWS는 회원가입을 하고 사용할 수 있다. 최초 가입 시 12개월 프리티어 계정을 이용할 수 있다.

프리티어는 월별 750시간의 Amazon EC2(인스턴스 서버) 사용, Amazon S3(스토리지) 5기가, Amazon RDS (관계형 데이터베이스) 750시간 등 무료로 사용할 수 있다. AWS Lambda는 1백만 건까지 사용이 가능하다. 기타 자세한 내용은 AWS 프리티어 사이트를 참고하자.

사이트 - https://aws.amazon.com/ko/free/

가입하기 위해 https://portal.aws.amazon.com/billing/signup 사이트를 접속한다.

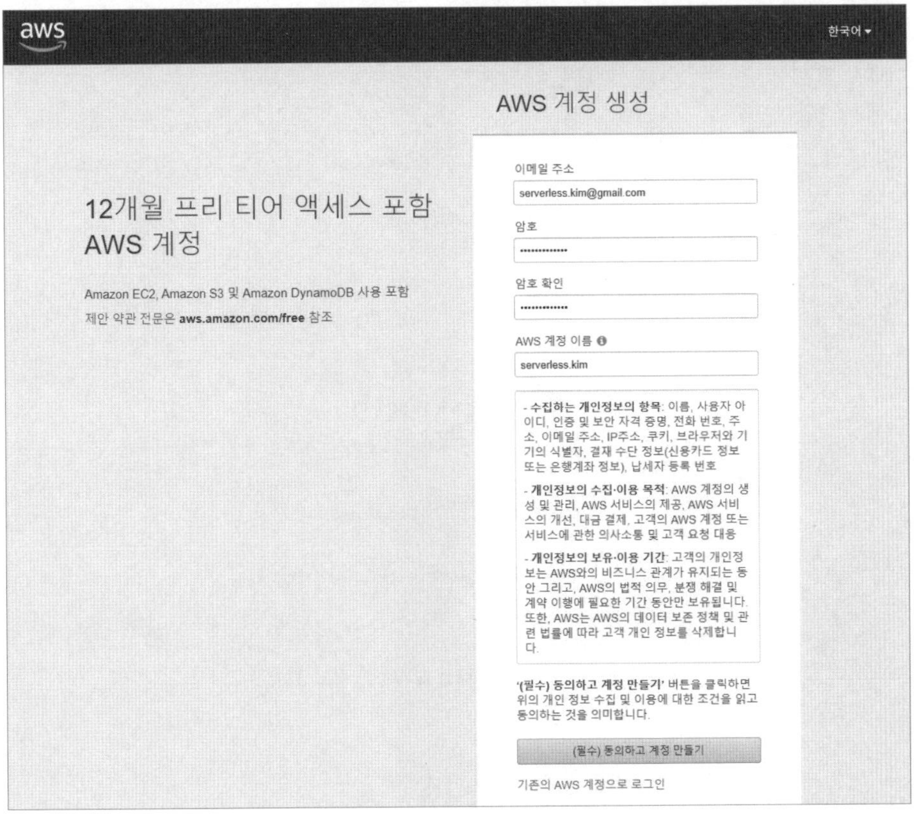

[그림 2-4] AWS 계정 생성 페이지

계정 생성 시 필요한 정보는 이메일, 암호, AWS 계정 명이다. 추가로 신용카드 정보가 반드시 필요하다. AWS 계정 명은 나중에 변경이 가능하니 우선 편한 이름으로 가입을 진행한다.

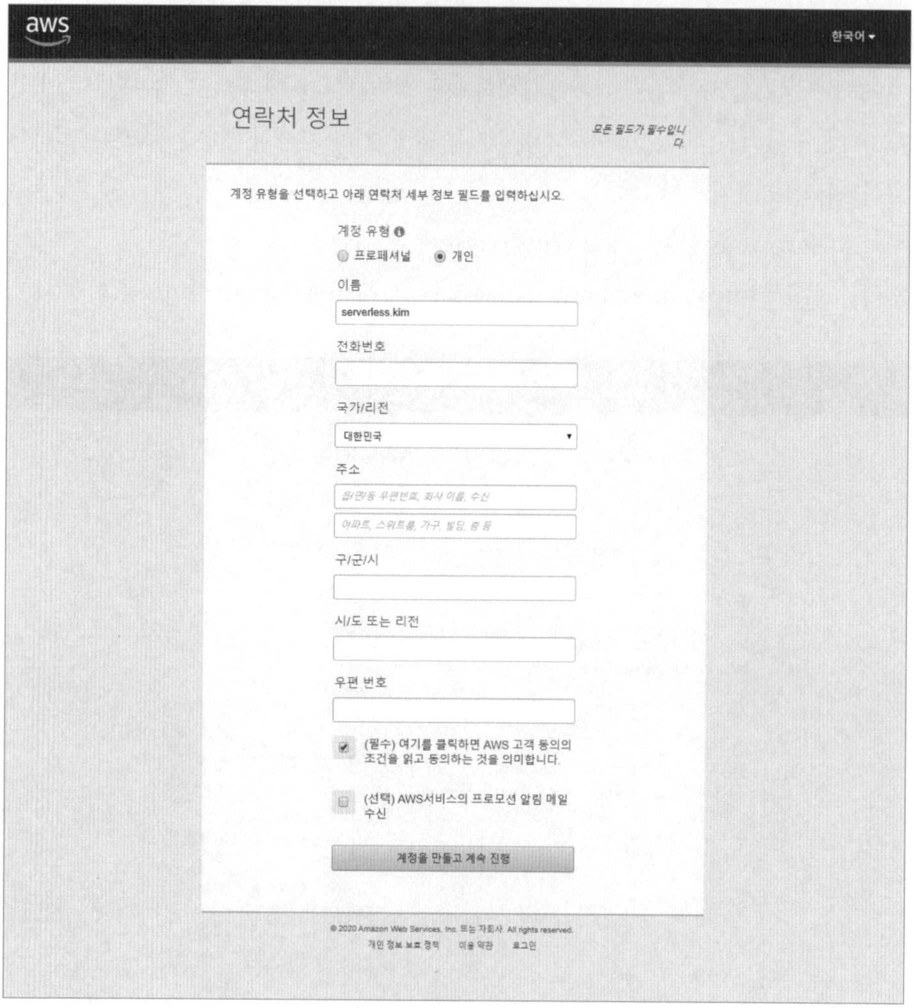

[그림 2-5] AWS 계정 생성 페이지 (연락처 정보)

연락처 정보에서 주소는 영어로 입력해야 하기에 '영문 주소 변환 사이트'를 통해 주소를 영문으로 변환하여 입력한다.

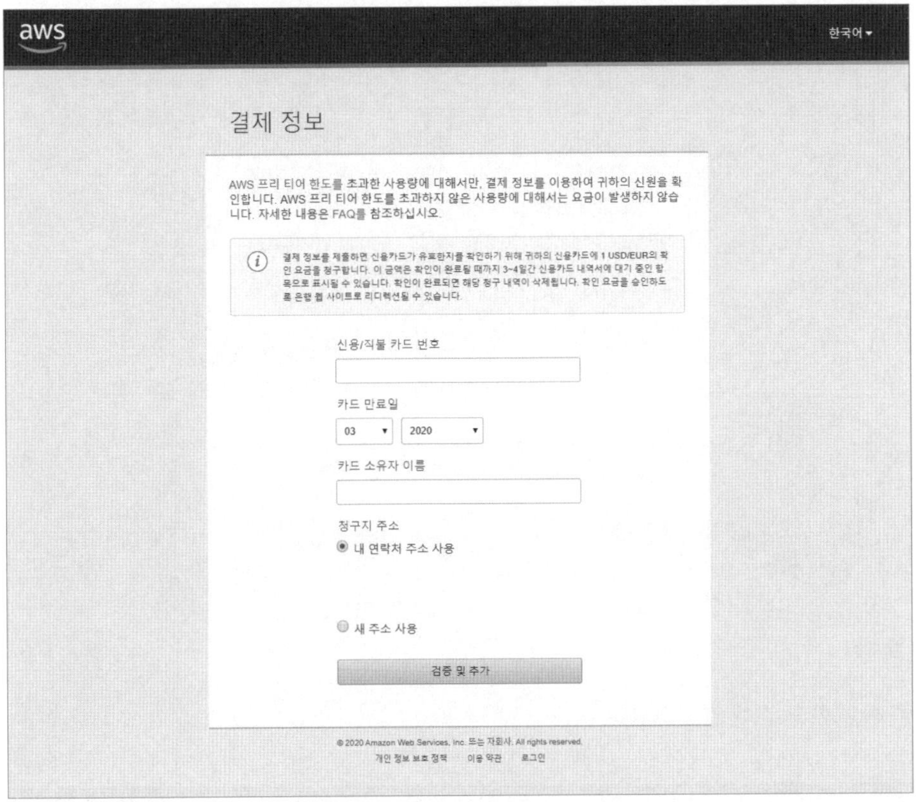

[그림 2-6] AWS 계정 생성 페이지 (결제 정보)

결제 정보는 신용카드 정보를 입력하고 이때 카드 인증을 진행하기 위해 AWS에서 1달러를 결제한다. 그리고 약 2주 내에 1달러는 환불된다.

휴대전화 문자 메시지를 이용한 인증을 진행한다.

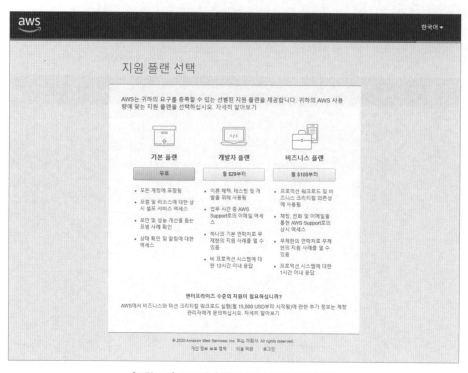

[그림 2-8] AWS 계정 생성 페이지 (지원 플랜 선택)

플랜은 기본 플랜을 이용한다.

[그림 2-9] AWS 계정 생성 페이지 (가입 완료)

가입이 완료되면 '콘솔에 로그인' 버튼을 클릭하고 AWS Management Console에
로그인한다.

[그림 2-10] AWS 로그인

로그인이 성공하면 [그림 2-11]과 같은 화면을 확인할 수 있다. 우선 IAM에 접근하기
위해 서비스 검색창에 IAM을 입력한다.

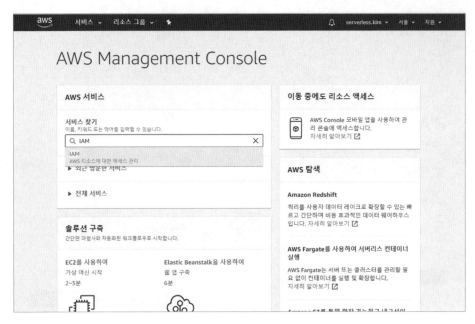

[그림 2-11] AWS Management Console

## CHAPTER 03

권한관리

03_ 권한관리

3.1 AWS IAM

[그림 3-1] AWS IAM

IAM(AWS Identity and Access Management)은 AWS의 권한을 관리하는 서비스이다. 각각의 권한을 부여하고 통제할 수 있다. 처음 AWS에 계정을 이메일로 생성하면 모든 서비스에 접근할 수 있는 SSO*Single Sign-ON ID가 생성되고 이를 루트ROOT 권한이라고 한다. (Master 권한이라고 생각하면 이해가 쉽다.) 이를 이용해서 서비스를 유지보수하는 것은 매우 위험하다. 만약 중요한 프로젝트에서 루트 권한의 계정을 사용하였고, 본의 아니게 이 정보가 노출되었을 때는 범죄로 악용될 수 있다. 예를 들어 루트 권한의 계정을 이용해 비트코인을 채굴하여 비용이 많이 청구되거나 또는 불법적인 사이트를 운영하는 범죄 등이 발생할 수 있다.

사내에서 AWS를 이용하고자 하는 경우에 각자의 부서/팀별로 계정을 생성하여 부여한다. 이때 IAM을 이용하여 필요한 권한을 세분화하여 Role을 부여함으로써 불필요한 접근을 막을 수 있다. 권한을 통제하기 때문에 보안적인 측면과 함께 시스템의 안정성을 유지할 수 있다. 사내에서 사용하는 보안인증 방법이 있다면 이를 연동할 수 있다.

---

* SSO(Single Sign-On)는 단일 계정으로 한 번의 로그인을 통해 여러 시스템에 연동이 되는 것이다.

IAM에서는 AWS 계정 인증에 MFA^{Multi Factor Authentication}를 지원한다. 여기서 팩터^{Factor}란 사용자의 신원을 확인하는 방법에 따라서 지식 기반, 소유 기반, 속성 기반의 인증으로 총 3가지 방법으로 나누어 지는데, 이를 인증 팩터^{Authentication Factor}라고 한다.

지식 기반 - ID/PW와 같이 알고 있는 인증 정보를 이용한 방법
소유 기반 - 휴대폰 SMS인증 등 사용자가 소유한 것을 이용하여 인증하는 방법
속성 기반 - 고유의 속성을 이용하는것으로 지문 인식, 홍채 인식 등을 이용하여 인증하는 방법

AWS계정 인증이 지원하는 MFA란 보안을 강화하기위해 사용자들에게 위의 싱글 팩터가 아닌 멀티 팩터를 지원한다는 것이다. MFA를 사용하면 계정 사용자는 작업을 위해 암호 그리고 액세스 키 뿐 아니라 한단계 더 확인 과정을 거친다.
이를 2Factor 인증이며, 2Factor인증은 두가지의 팩터를 사용해서 인증하는 방식이다.
(예를 들어 우리에게 익숙한 ARS인증, SMS인증, OTP 로그인, 공인인증서 등이 MFA와 같다.)

IAM에서는 크게 네가지를 구분할줄 알아야 한다.

1. IAM User - 사용자
2. IAM Group - 사용자 그룹
3. IAM Role - 권한
4. IAM Policy - 정책

예시 1

A,B,C라는 사용자가 있다. (IAM User)
사용자 A,B,C는 Users라는 Group에 속한다. (IAM Group)
Users라는 Group에는 사용자가 총 3명 존재한다. (IAM Group)

사용자 A는 Lambda를 생성할 권한이 있다.(IAM Role)

Users라는 Group은 전원 Lambda를 삭제할 권한을 갖고 있다.(IAM Role)

그렇다면 IAM Policy는 무엇인가? Policy는 단어 그대로 정책을 관리하는것이다. 정책이 어려운게 상당히 다이나믹하다는것인데, '우리는 A고등학교를 다닌다'라는 상황을 예시로 들어보자.

A고등학교의 교칙에 따라 우리는 교복을 입고 등교한다. 하지만 학급내에서는 담임선생님의 허락하에 편하게 체육복으로 생활할 수 있다. 이렇게 A고등학교에 교칙이 있고 담임선생님이 학급내에 학칙을 정할 수 있다. IAM Policy는 학칙이라고 이해하면 된다.

비슷하게 다른 예시로 생각해보자.

예시 2

1학년 3반Group 학생User은 개인당 하나의 사물함Resource을 할당Policy 받았다. 이때 사물함에는 개인 자물쇠Role를 사용한다.

실제 실무에서 사용하는 예시로 생각해보자.

예시 3

개발자User는 A라는 역할Role이 있고 역할에 정의된 정책은 B정책Policy이다. B정책Policy은 C라는 Amazon S3 버킷Resource만 컨트롤Role 할 수 있다.

예시에는 Resource가 존재한다. IAM Policy는 Resource에 접근하는 Entity(사용자, 그룹, 권한)을 정책Policy으로 정의하는 것이다.

IAM Policy는 JSON 형식으로 작성된다.

```
{
 "Version": "2012-10-17",
 "Statement": [
   {
    "Effect": "Allow",
    "Action": "s3:GetObject",
    "Resource": "arn:aws:s3:::test/*",
    "Principal": { "AWS": "arn:aws:iam::AWS-account-ID:user/user-name" }
   }
 ]
}
```

Version은 IAM Policy JSON 문서의 양식 버전이다. Statement 는 배열구조이며,
정책을 부여하는 요소를 나열하는것이다. Effect는 Allow(허용), Deny(불허용)이 들
어간다. Action은 문자열로 정의하며 여러 Action을 한번에 지정하는경우에는 배열
(문자열)을 사용한다. Principal은 리소스에 접근 허용,불허용 되는 보안 주체를 지정
하는것이며 이는 User 그리고 Group, Role을 넣을 수 있다.

Resource는 ARN이 들어가는데 이때 ARN이란 'Amazon Resource Name'의 약자
이다.

참고

ARN의 형식

arn:partition:service:region:account-id:resource-id

arn:partition:service:region:account-id:resource-type/resource-id

arn:partition:service:region:account-id:resource-type:resource-id partition - 리소스가 있는 파티션(지역 (예 : aws AWS지역, aws-cn 중국지역)

service - 서비스명 (예 : s3)

region - 리전(예 : ap-northeast-2 한국)

account-id - 하이픈(-)없이 리소스를 소유하는 AWS 계정 ID

resource-id - 리소스 식별자

예를 들어 'arn:aws:sns:ap-northeast-2:123456789:sns-a'를 살펴보면
이 ARN은 AWS리전의 Amazon SNS을 한국리전(ap-northeast-2)에서
123456789라는 계정ID로 'sns-a' 라는 Amazon SNS 주제이다.

3.2 사용자 계정 생성 및 권한 부여

루트 권한의 계정을 사용하기보다 이에 준하는 권한을 가진 사용자 계정을 생성하여
사용한다.

IAM 서비스 화면에서 사용자를 추가한다.

[그림 3-2] AWS IAM 서비스 페이지

사용자 이름을 입력하고 AWS Management Console 액세스 권한을 부여한다. 비밀번호 재설정을 사용자에게 부여함으로써 관리자는 초기 계정 생성 이후 사용자의 비밀번호에 대해 직접적으로 관여하지 않는다. 하지만 비밀번호를 분실하는 상황 등 예외상황 발생 시에는 관리자가 초기화작업 등을 진행해준다.

[그림 3-3] AWS IAM 사용자 추가 화면

그룹에 사용자를 넣어야 하는데 최초에는 그룹이 존재하지 않아 그룹을 생성한다.

[그림 3-4] AWS IAM 사용자 추가 화면 (권한 설정)

[그림 3-5] AWS IAM 사용자 추가 화면 (그룹 생성)

그룹 이름을 넣고 가장 상단의 'AdministratorAccess'를 체크하여, 관리자에게 준하
는 권한을 부여한다. 필요시 태그 값을 추가할 수 있으며, 계정 생성 이후에도 언제든
지 추가/수정/삭제가 가능하다.

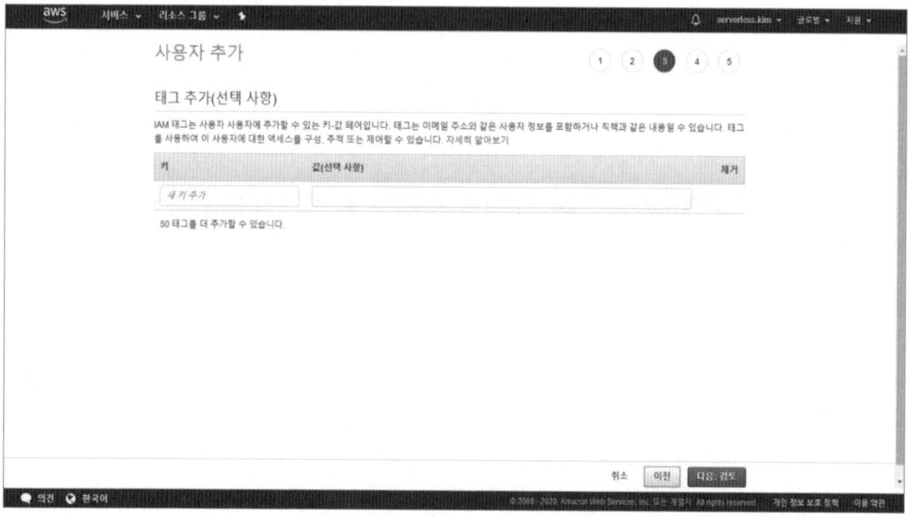

[그림 3-6] AWS IAM 사용자 추가 화면 (태그 추가)

마지막으로 검토를 진행한다.

[그림 3-7] AWS IAM 사용자 추가 화면 (검토)

검토했다면 사용자를 만들고 이를 완료하면 초기 접근 비밀번호를 확인할 수 있다. 비밀번호는 이메일로 전송이 가능하며 csv[*] 다운로드를 이용하여 파일 형태로 내려 받을 수 있다. 이메일로 전송 시 사용자에게 로그인 URL을 부여하고, 해당 사용자는 로그인 URL을 통해 로그인을 시도한다.

[그림 3-8] AWS IAM 사용자 추가 화면 (완료)

---

* CSV(Comma-Separated Values)는 필드를 쉼표(,)로 구분한 텍스트 데이터 및 텍스트 파일이다.

사용자는 로그인을 진행하고 신규 비밀번호를 생성한다.

[그림 3-9] AWS 서비스 최초 로그인 화면

별칭으로 임의의 숫자가 부여되는데 이 숫자는 외우기에 어렵다. 계정 별칭을 생성함
으로써 불편한 느낌을 해소할 수 있다. 루트 계정으로 IAM 접근하여 대시보드의 '사용
자 지정' 버튼을 클릭하여 계정 별칭을 신규 생성한다.

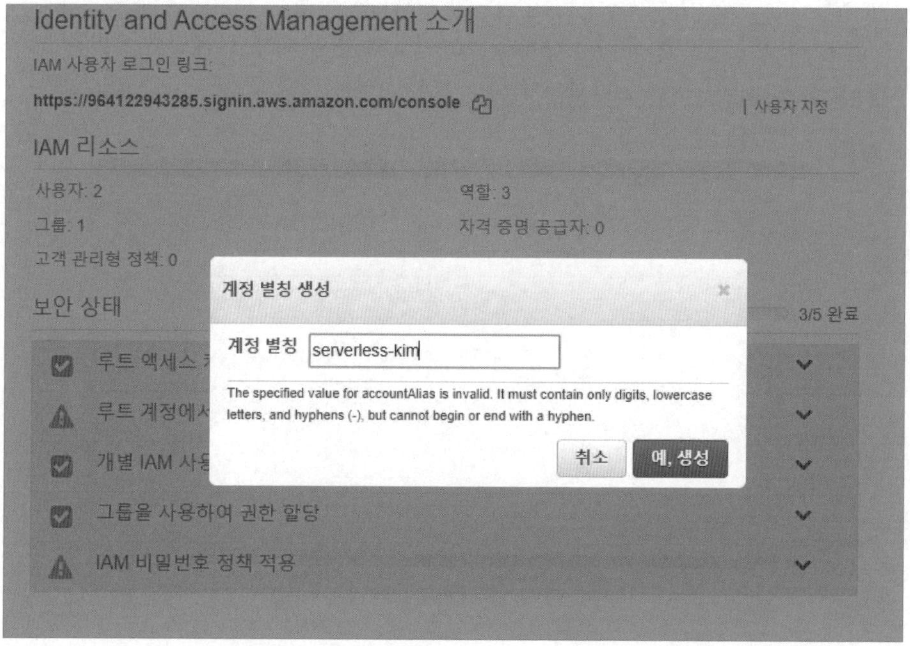

Identity and Access Management 소개

IAM 사용자 로그인 링크:

https://964122943285.signin.aws.amazon.com/console ⎘ | 사용자 지정

IAM 리소스

사용자: 2   역할: 3
그룹: 1   자격 증명 공급자: 0
고객 관리형 정책: 0

보안 상태   3/5 완료

계정 별칭 생성   ✕

계정 별칭   serverless-kim

The specified value for accountAlias is invalid. It must contain only digits, lowercase
letters, and hyphens (-), but cannot begin or end with a hyphen.

취소   예, 생성

☑ 루트 액세스 ⋯   ⌄
⚠ 루트 계정에서 ⋯   ⌄
☑ 개별 IAM 사용 ⋯   ⌄
☑ 그룹을 사용하여 권한 할당   ⌄
⚠ IAM 비밀번호 정책 적용   ⌄

[그림 3-10] AWS IAM 계정 별칭 생성

변경한 계정 별칭으로 로그인 한다.

[그림 3-11] 생성한 계정으로 로그인

IAM을 사용하여 계정을 생성하며 그룹을 만들고 정책을 연결할 수 있다.

## CHAPTER 04

네트워크

04_ 네트워크

4.1 Amazon VPC란

[그림 4-1] Amazon VPC

AWS Lambda는 네트워크 설정을 Amazon VPC^{Virtual Private Cloud}로 구성한다. Amazon VPC에 대한 지식이 없어도 기본 VPC를 제공하기 때문에 문제는 없다. 하

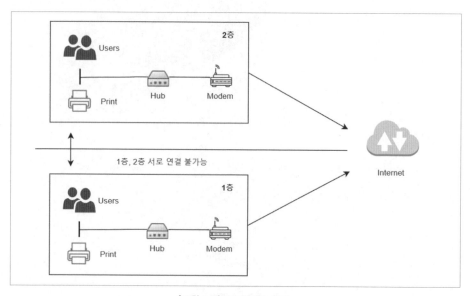

[그림 4-2] VPN이 없는 환경

지만 AWS의 서비스 대부분이 VPC에 의존하기 때문에 우리는 Amazon VPC에 대해 살펴보아야 한다.

Amazon VPC를 이해하기 전에 우리에게 조금은 익숙한 VPN^{Virtual Private Network}을 먼저 보자. VPN은 '가상 사설망'이라 한다. 회사의 네트워크를 구성할 때 보안상의 이유로 각각의 권한별 혹은 부서별로 접근망을 가상으로 구성한다.

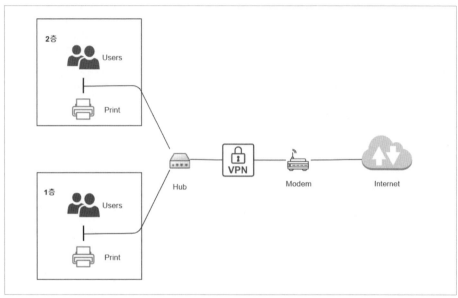

[그림 4-3] VPN이 존재하는 환경

[그림 4-2]는 1층 사무실과 2층 사무실이 서로 연결할 수 없는 형태이다. 하지만 VPN을 도입함으로써 1층과 2층이 서로 연결되었다.

Amazon VPC는 클라우드 환경에서 구성하는 VPN이라고 생각하면 이해하기 쉽다. Amazon VPC가 없으면 서버들은 서로 복잡하게 거미줄처럼 연결될 것이다. 이렇게 되면 각자 서버별로 네트워크 관리가 필요하다. 1개의 서버가 추가될 때마다 복잡한 과정을 거쳐야 한다. 이런 복잡도를 해결하기 위해 Amazon VPC가 존재한다. Amazon VPC는 네트워크를 그룹화하여 보다 쉽게 관리할 수 있도록 돕는다.

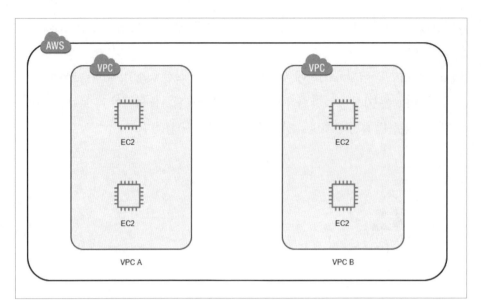

[그림 4-4] VPC의 구성 예

Amazon VPC별로 네트워크를 구성하고 각 Amazon VPC에 따라 다른 네트워크 설정을 구성할 수 있다. 필요에 따라서는 각각 Amazon VPC를 독립된 네트워크처럼 동작할 수 있게 한다.

4.2 서브넷(Subnet)

Amazon VPC를 구성하면 서브넷을 구성한다. 서브넷은 Amazon VPC를 한 번 더 나누는 것이다. 서브넷의 주소 범위는 반드시 Amazon VPC IP 주소 범위 이내여야 한다. 즉 서브넷 IP 범위는 VPC IP 범위의 부분집합이라고 할 수 있다. 서브넷은 실제 리소스가 생성되는 물리적인 공간인 가용영역과 연결된다. Amazon VPC가 논리적인 범위를 의미한다면, 서브넷은 Amazon VPC 안에서 실제로 리소스가 생성되는 네트워크라고 생각할 수 있다. 인터넷과 연결이 필요하면 퍼블릭 서브넷[*]을 사용하고, 연결하지 않는 리소스는 프라이빗 서브넷[**]을 사용한다. 서브넷은 Amazon VPC보다 더 작은 단위이기에 서브넷 마스크 값이 아이피 범위보다 더 큰 값이다.

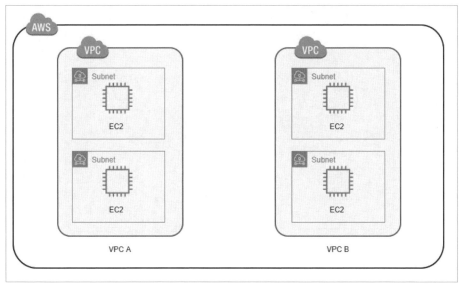

[그림 4-5] VPC의 서브넷 구성

4.3 라우팅 테이블(Routing Table)

라우팅 테이블은 서브넷과 연결되어 있는 리소스이다. 서브넷에서 네트워크 요청이 있을 때 라우팅 테이블로 접근한다. 라우팅 테이블은 목적지에 대한 이정표이다. 네트워크 요청은 정의된 라우팅 테이블에 따라 움직인다. 문제는 외부로 통하는 길이 없다는 점인데 인터넷 망과 연결을 위해서는 다음에 나올 인터넷 게이트웨이가 필요하다.

---

[*] 퍼블릭 서브넷의 인스턴스는 인터넷에 바로 아웃바운드 트래픽을 전송할 수 있으며, 외부에서 IP를 통해 인바운드가 가능하다. 프라이빗 서브넷의 인스턴스는 불가능하다.

[**] 프라이빗 서브넷의 인스턴스는 퍼블릭 서브넷에 있는 NAT(Network Address Translation) 게이트웨이를 사용하여 인터넷에 액세스할 수 있다.

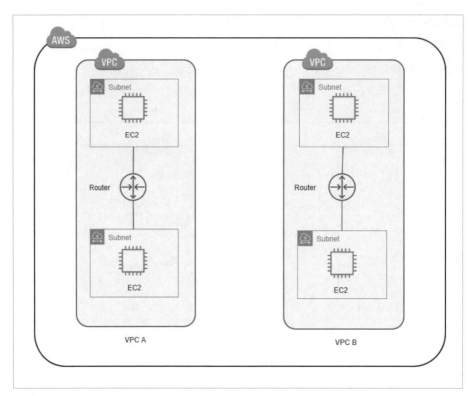

[그림 4-6] VPC의 라우터 구성

4.4 인터넷 게이트웨이(Internet Gateway)

인터넷 게이트웨이는 인터넷Internet을 연결해주는 관문Gateway이라는 뜻이다. Amazon VPC는 격리된 네트워크 환경이라서 Amazon VPC에서 생성된 리소스들은 인터넷을 연결할 수 없다. 이를 위해 필요한 것이 인터넷 게이트웨이Internet Gateway이다.

예를 들어 서브넷을 퍼블릭으로 구성하고 라우팅 테이블에 IP 범위를 넣는다. 이때 0.0.0.0/0*으로 넣은 인터넷 게이트웨이에 타깃에 해당하는 정보가 존재한다고 하자.

---

* 0.0.0.0/0은 '지정하지 않는다.'라는 의미로 '없다.'로 해석한다. 즉, 0.0.0.0은 모든 Local Address를 받을 수 있다. (127.0.0.1이 자신의 IP인 것을 의미하듯 0.0.0.0은 지정하지 않는다는 뜻이다.)

라우터로 접근하는 네트워크들을 라우터 테이블에서 미리 정의한 범위 내의 타깃으로
이동시킨다. 이때 매칭되는 IP 범위가 없으면 인터넷 게이트웨이를 통해 이동한다.

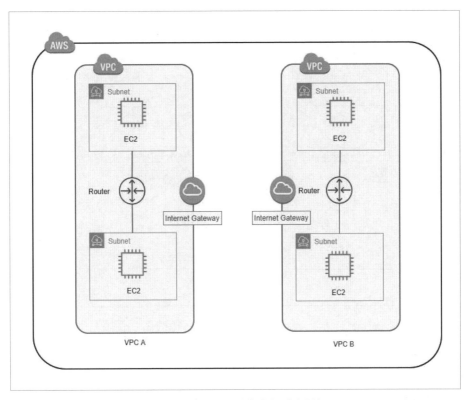

[그림 4-7] VPC의 인터넷 게이트웨이 구성

4.5 네트워크 ACL(Network Access Control List)

네트워크 ACL은 네트워크 요청을 정해진 규칙에 따라 주고받는 트래픽을 제어하는
가상 방화벽이다. 네트워크 ACL은 다수의 서브넷에서 재사용할 수 있다.

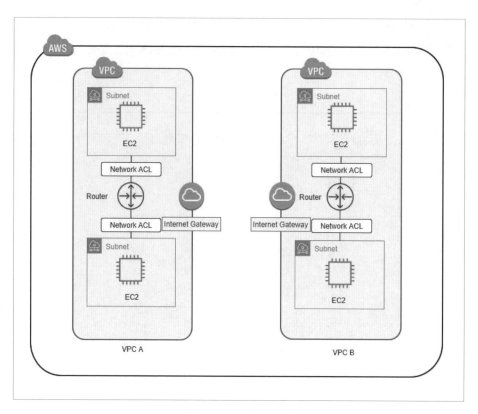

[그림 4-8] VPC의 ACL구성

4.6 보안 그룹(Security Group)

보안 그룹은 가상 방화벽 역할을 한다. '바로 위에서 네트워크 ACL이 가상 방화벽이라고 하였는데?' 라고 생각할 수 있다. 이 차이점은 보안 그룹은 인스턴스 앞에서 트래픽을 제어하는 가상 방화벽이고, 네트워크 ACL은 서브넷 앞에서 트래픽을 제어하는 역할이다.

쉽게 말해 인스턴스에 접근하기 전에 앞문의 성격인 네트워크 ACL과 중문의 성격인 보안 그룹이 있는 것이다. Amazon VPC에서는 인스턴스를 시작할 때 최대 5개의 보안 그룹에 인스턴스를 할당할 수 있다. (하나의 인스턴스에 5개까지 보안 그룹을 연결할 수 있는 것이고, VPC내에 보안 그룹은 2500개까지 가능하다.) 보안 그룹은 서브넷이 아닌 인스턴스에서 작동하기에 VPC에 있는 서브넷의 각 인스턴스를 서로 다른 보안 그룹으로 구성할 수 있다.

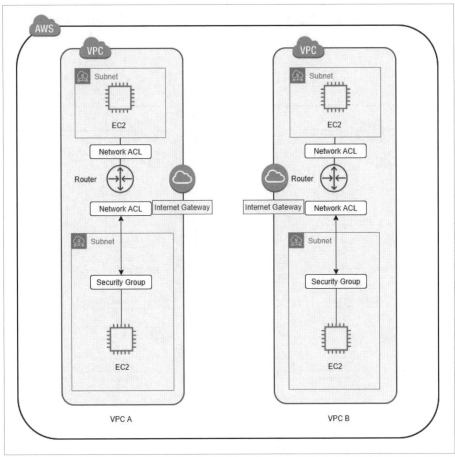

[그림 4-9] VPC의 보안 그룹 구성

4.7 피어링(Peering)

VPC와 VPC끼리 연결하는데 VPC 피어링을 통해 할 수 있다. 피어링은 프라이빗

IPv4 주소 혹은 IPv6 주소를 이용하여 VPC 간에 네트워크 전송을 라우팅한다. 동일
한 네트워크에 속하지 않은 VPC의 인스턴스가 서로 통신할 수 있고, 다른 리전에 있
는 VPC도 연결이 가능하다.

피어링을 사용하면 다른 AWS 리전에서 실행되는 EC2 인스턴스, Lambda 함수 등
같은 VPC 리소스가 게이트웨이, VPN 연결 또는 별도의 네트워크 어플라이언스 없이
프라이빗 IP 주소를 사용하여 서로 통신할 수 있다.

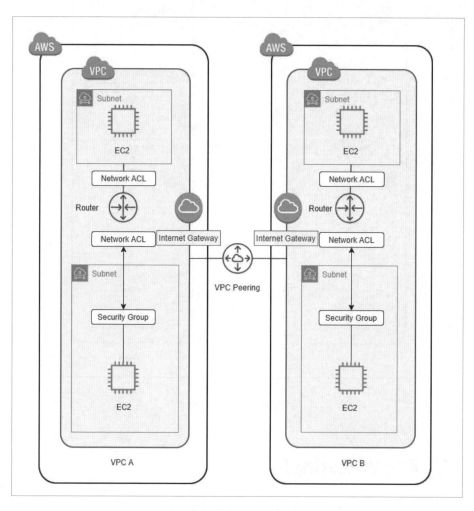

[그림 4-10] VPC의 피어링 구성

## CHAPTER 05

AWS Lambda

05_ AWS Lambda

5.1 AWS Lambda란

[그림 5-1] AWS Lambda

AWS Lambda란 Amazon Web Services(아마존 웹 서비스)에서 2014년부터 제공하는 FaaS 서비스이다. 람다는 [그림 5-2]와 같은 동작을 수행한다.

5.2 AWS Lambda의 동작

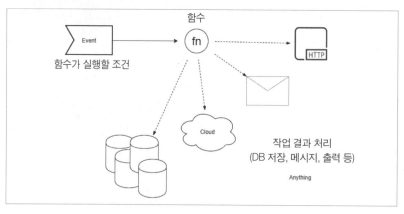

[그림 5-2] AWS Lambda 동작의 예

AWS Lambda는 이벤트를 감지하여 아마존 리눅스 환경의 Micro VM을 띄우고 함수를 실행한다. 그리고 결과를 처리한다. 함수가 실행될 때 필요한 환경이 있는데, 이것을 런타임이라고 한다. 런타임은 어떤 언어로 작성하는지에 따라 다르며, 그 환경에 따라 성능 차이가 있다. Lambda의 내부를 살펴보면 [그림 5-3]과 같다.

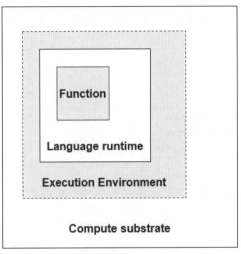

[그림 5-3] AWS Lambda 내부

Compute substrate	함수가 실행될 Micro VM
Execution Environment	환경 변수 등의 실행환경
Language runtime	언어별 런타임
Function	함수

[표 5-1] AWS Lambda 내부 정보

람다가 실행되면 아마존 리눅스 OS 기반의 Micro VM이 실행된다. 환경 변수 등 실행환경을 맞추고, 지정한 언어별 런타임 환경을 준비한다. 그리고 마지막에 작성한 함수를 실행한다.

이때 람다에는 큰 단점이 있다.

5.3 AWS Lambda의 Cold Start 그리고 Warm Start

Cold Start가 발생함으로써 딜레이가 존재한다. [그림 5-4] AWS Lambda 함수의 라이프 사이클을 보자.

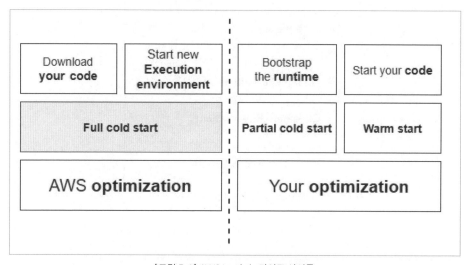

[그림 5-4] AWS Lambda 라이프 사이클

AWS Lambda가 실행되면 당신이 작성한 코드를 다운로드한다. 그리고 실행환경을 구성한다. 이때를 Full cold start라고 한다. 런타임Runtime을 준비하는 과정은 Partial cold start라고 한다. 마지막으로 함수가 실행될 때 Warm start라고 한다.

이처럼 함수가 실행될 때 순서가 정해져 있고 이에 따라 지연시간이 발생한다. Micro VM이 올라갔다가 내려간 뒤 다시 실행하면 Full cold start부터 시작한다. 만약 Micro VM이 유지되는 시간 이전에 재요청하면 Partial cold start가 바로 진행되어 지연시간을 줄일 수 있다.

그러면 cold start를 줄일 수 있는 방법은 무엇일까?

지속적인 호출을 통해 구동되어 있는 Micro VM을 유지하는 것이다. 이를 보통 '5분마다 호출하라'고 권고한다. 그러나 실제로 각자 구현한 람다의 환경이 다르기에 정확한 수치가 아니다.

영국 런던의 AWS Serverless Hero인 Yan Cui의 2017년 자료에 따르면 언어, 메모리 사이즈에 따라 영향을 받는 것을 확인할 수 있다.

🔍 출처

https://theburningmonk.com/2017/06/aws-lambda-compare-coldstart-time-with-different-languages-memory-and-code-sizes/

	A	B	C	D	E	F	G
1	language	memory size	std dev	mean	median	95%-tile	99%-tile
2	csharp	128	405.17	4387.87	4372.80	4980.11	5352.78
3	csharp	256	355.80	2234.23	2132.14	2848.27	3040.10
4	csharp	512	349.12	1223.42	1538.10	1636.65	1948.62
5	csharp	1024	192.28	524.29	489.16	712.55	1320.18
6	csharp	1536	270.25	407.99	338.04	694.43	1049.45
7	java	128	547.83	3562.12	3464.38	4493.39	5100.89
8	java	256	210.62	1979.44	1958.26	2358.66	2593.52
9	java	512	132.99	999.78	826.86	1212.71	1311.84
10	java	1024	86.31	530.99	534.37	677.64	744.75
11	java	1536	73.97	339.65	329.34	425.31	479.87
12	nodejs6	128	12.43	12.67	2.06	38.23	55.57
13	nodejs6	256	8.41	8.94	2.08	25.44	35.89
14	nodejs6	512	4.08	3.73	2.08	15.12	20.04
15	nodejs6	1024	0.45	2.11	2.06	2.28	3.21
16	nodejs6	1536	0.13	2.09	2.07	2.29	2.42
17	python	128	12.10	1.28	0.19	0.41	32.43
18	python	256	2.94	0.83	0.20	3.88	16.08
19	python	512	1.45	0.39	0.20	0.45	6.76
20	python	1024	1.60	0.45	0.20	0.47	9.00
21	python	1536	1.01	0.34	0.19	0.38	6.60

[그림 5-5] 함수 구현 언어, 메모리 사이즈에 따라 다른 콜드 스타트 타임

결국 cold start time은 언어/런타임, 리소스 양(mb) 및 함수 실행 시 갖고 오는 패키지/종속성에 따라 다르다.

AWS는 계속해서 Cold start time을 줄이기 위해 변화하고 있다. Vibes에서 AWS Solution Architect로 근무 중인 Nathan Malishev(@loacalz)는 언어별, 런타임(실행환경), 용량별 테스트를 진행하여 이에 대한 결과를 [표 5-2]와 같이 공개했다. [표 5-2], [표 5-3]은 2018년과 2019년에 확인한 Cold start의 평균치의 차이다.

🔍 출처

https://levelup.gitconnected.com/@nathan.malishev

Cold Starts 2018	Node 8.1	Python 3	.net 2	Ruby 3.5	Go 1x	java
128mb	855	520	1157	-	756	1250
1024mb	644	364	808	-	567	933
3008mb	537	288	667	-	415	718

Cold Starts 2019	Node 8.1	Python 3	.net 2	Ruby 3.5	Go 1x	java
128mb	217	242	456	259	342	670
1024mb	190	245	316	210	340	564
3008mb	191	241	321	217	295	479

[표 5-2] 2018년과 2019년의 콜드 타임 비교

Cold Starts % Improvement	Node 8.1	Python 3	.net 2	Ruby 3.5	Go 1x	java
128mb	74.6%	53.5%	60.6%	-	54.8%	46.4%
1024mb	70.5%	32.7%	60.9%	-	40%	39.6%
3008mb	64.4%	16.3%	51.9%	-	28.9%	33.3%

[표 5-3] 2018년과 2019년의 언어별 속도 변화 퍼센트

매년 Cold start time을 줄이기 위한 AWS의 엔지니어링이 있다는 것을 짐작할 수 있다.

2019년 re: Invent 에서는 Provisioned Concurrency on AWS Lambda를 선보였다. Provisioned Concurrency(프로비저닝의 동시성)는 함수를 지속적으로 초기화하고 아주 빠르게 준비하여 Cold start를 줄인다. 해당기능을 활성화하였을 시 비용이 추가로 발생한다. (프리티어는 요금 부과 시 사용)

5.4 AWS Lambda의 런타임

AWS Lambda에서는 런타임^{Runtime}을 사용하여 각각 다른 언어들로 작성한 코드도 동일한 기본 실행환경에서 실행할 수 있다. 런타임^{Runtime}은 AWS Lambda 서비스와 작성한 함수코드 사이에 위치해 이벤트와 컨텍스트 정보 등 응답을 중계해주는 역할을 한다. 기본적으로 제공하는 런타임 환경이 있고, 직접 필요한 런타임 환경을 만들어 사용할 수 있다.

제공하는 런타임 환경에는 여러 언어를 지원한다. 함수를 생성할 때 런타임을 선택할 수 있고, 필요시 런타임 환경을 변경할 수 있다. 런타임 환경은 아마존 리눅스^{Amazon Linux}이다. 모든 IT 환경이 그렇듯 언어와 운영체제에 각각의 수가 존재한다. 제공하는 런타임 환경에서는 각 언어의 버전별 또는 운영체제의 수명이 60일 이내로 예정될 때 마이그레이션 안내 메일을 발송해준다. 런타임 지원이 중단되면 AWS Lambda는 호출을 비활성화 한다. 사용 중단된 런타임은 보안 업데이트 기술지원을 받을 수 없기에 마이그레이션이 필수적이다.

Node.js 런타임

이름	식별자	JavaScript용 AWS SDK	OS
Node.js 12	nodejs12.x	2,536.0	Amazon Linux2
Node.js 10	nodejs10.x	2,488.0	Amazon Linux2

Python 런타임

이름	식별자	JavaScript용 AWS SDK	OS
Python 3.8	python3.8	boto3-1.10.2 botocore-1.13.2	Amazon Linux2
Python 3.7	python3.7	boto3-1.9.221 botocore-1.12.221	Amazon Linux
Python 3.6	python3.6	boto3-1.9.221 botcore-1.12.221	Amazon Linux

Java 런타임

이름	식별자	JDK	OS
Java 11	java11	amazon-corretto-11	Amazon Linux2
Java 8	java8	java-1.8.0-openjdk	Amazon Linux2

Ruby 런타임

이름	식별자	Ruby용 AWS SDK	OS
Ruby 2.7	ruby2.7	3.0.1	Amazon Linux2
Ruby 2.5	ruby2.5	3.0.1	Amazon Linux

Go 런타임

이름	식별자	OS
Go 1.x	go1.x	Amazon Linux

.NET 런타임

이름	식별자	언어	OS
.NET Core	dotnetcore2.1	C# PowerShell Core 6.0	Amazon Linux

[표 5-4] 언어별 런타임

5.5 AWS Lambda의 Event

AWS Lambda 함수로 서비스를 호출하는 방법은 동기식Synchronous과 비동기식Asynchronous이 있다.

동기적으로 호출하는 서비스	비동기적으로 호출하는 서비스
Elastic Load Balancing (Application Load Balancer)	Amazon Simple Storage Service
Amazon Cognito	Amazon Simple notification Service
Amazon Lex	Amazon Simple Email Service
Amazon Alexa	AWS CloudFormation
Amazon API Gateway	Amazon CloudWatch Logs
Amazon CloudFront (Lambda@Edge)	Amazon CloudWatch Events
Amazon Kinesis Data Firehose	AWS CodeCommit
AWS Step Functions	AWS Config
	AWS IoT
	AWS IoT Events
	AWS CodePipeline

[표 5-5] 동기/비동기 서비스

동기식은 클라이언트가 람다 함수에 이벤트를 보내고 클라이언트는 함수의 응답을 받을 수 있다. 동기식으로 호출할 경우 파라미터 값을 invoke로 실행한다.

비동기식은 클라이언트의 요청 이벤트와 람다 함수 사이에 대기열을 이용하는 것이다. 이때 클라이언트는 성공응답만 받는다. 비동기식으로 호출할 경우에는 호출유형 파라미터 값을 Event로 설정해야 한다. 비동기식으로 진행할 때 오류가 발생하면 계속해서 재시도를 한다. 동시성 설정이 작게 되어 있을 경우(오류코드 492)이거나 서버오류(500번대)일 때는 이벤트를 대기열로 다시 보내고 이는 최대 6시간 동안 재시도를 한다. 재시도 간격은 최대 5분까지 증가한다. 그리고 이벤트는 대기열에서 삭제될 수 있다. 그렇기 때문에 '동시성을 어떻게 조절하느냐?'에 따라 이벤트를 보장할 수 있다. 대기열은 백업이 되기도 한다. 이때는 람다 함수로 전송하기 전에 이벤트가 만료될 수 있다. 이 때문에 이벤트가 삭제될 수 있다.

결국 이런 상황을 조금 더 섬세하게 컨트롤 하기 위해서는 오류 처리를 구성하고 재시도 횟수를 줄이거나 처리되지 않은 이벤트를 체크해야 한다. 이때 다른 서비스를 같이 사용하는 것이 좋다. 예를 들어 Amazon SQS나 Amazon SNS 등을 사용하여 안전한 메시지 서비스를 만드는 것이다.

동시성이란 동시에 요청을 처리할 수 있는 함수의 수이다. 이는 리전Region에 따라 한도가 다르다. 동시성 설정이 중요한 이유는 병목현상이 일어날 수 있는 흐름을 예상한다면 동시성의 최대 인스턴스 수를 지정함으로써 안전한 서비스를 유지할 수 있다. 만약 동시성을 10개로 잡았는데 10개의 인스턴스로 처리할 수 없는 양이 되었을 때 오류 코드 번호 492번을 리턴한다.

5.6 메모리 할당과 실행 제한 시간

AWS Lambda는 설정한 1개의 인스턴스를 동일하게 사용하는 것이다.

AWS Lambda는 메모리와 실행 제한 시간을 직접 설정한다. 메모리는 128MB에서 3,008MB까지 64MB단위로 설정할 수 있고, 실행 제한 시간은 최대 900ms(15분)이다. 가장 작은 128MB를 설정하고 동시성을 3개로 두고 3번을 동시에 호출하면 [그림 5-6]과 같이 인스턴스가 생성되어 동작한다.

[그림 5-6] 3개의 동일한 인스턴스

AWS Lambda를 통해 구현해야 할 목표에 따라 리소스를 고민해야 한다. 람다의 경우에는 메모리만 설정하고 다른 리소스(CPU 성능, 네트워크 대역폭, 디스크 I/O)는 설정한 메모리 값에 따라 자동적으로 할당된다. (할당되는 리소스의 정보는 제공해주지 않는다.)

리소스 (단위 MB)	속도 (단위 sec)	비용(단위 $)
128MB	11.722965 sec [Worst]	$ 0.024628 [Best]
256MB	6.678945 sec	$ 0.028035 [Worst]
512MB	3.194954 sec	$ 0.026830
1024 MB	1.465984 sec [Best]	$ 0.024638

[표 5-6] 메모리에 따른 속도 및 비용 예시
(자료: Optimizing Your Serverless Applications (SRV401-R2) - AWS re: Invent 2018)

🔍 출처

https://www.slideshare.net/AmazonWebServices/optimizing-your-serverless-applications-srv401r2-aws-reinvent-2018

re: Invent 2018에서 자료에 따르면 메모리를 할당할수록 더 빠른 속도를 보인다. 비용은 256MB 512MB보다 1,024MB일때 더 저렴하다. 128MB와 1,024MB의 비용만 두고 보면 $0.024638 - $0.024628을 계산해보면 단 $0.0001의 금액 차이를 확인할 수 있다. 상황에 따라서 Amazon EC2   같은 인스턴스 서버를 사용하는 것이 더 좋은 선택지가 될 수 있다. 그만큼 람다는 사용하기에 따라 비싸기도 하고 저렴하기도 하다.

AWS Lambda는 요청 수와 실행시간(100ms단위로 반올림)을 기준으로 요금이 청구된다. AWS Lambda를 사용하는 목적은 '최소의 금액으로 최대의 효과를 본다'라는 것을 항상 명심해야 한다. (물론 비용에 부담이 없고, 성능이 중요한 니즈를 가진 기업의 입장은 다르다.)

5.7 환경 변수(Environment variables)

AWS Lambda는 환경 변수를 제공한다. 환경 변수를 사용하면 함수코드를 배포(업데이트)하지 않고 보안 암호를 저장하고 사용할 수 있다. 키/값 형식으로 저장한다. 환경 변수는 문자와 숫자 그리고 언더바(_)만 사용이 가능하고 총 크기는 4KB로 제한되어 있다.

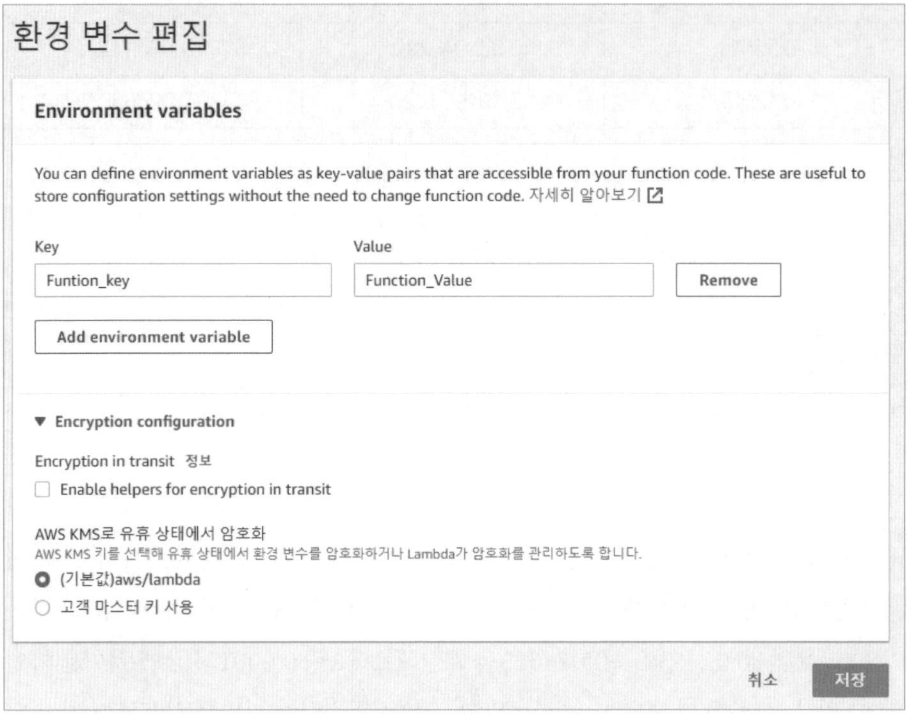

환경 변수 편집

Environment variables

You can define environment variables as key-value pairs that are accessible from your function code. These are useful to store configuration settings without the need to change function code. 자세히 알아보기 🗗

Key	Value	
Funtion_key	Function_Value	Remove

Add environment variable

▼ Encryption configuration

Encryption in transit 정보
☐ Enable helpers for encryption in transit

AWS KMS로 유휴 상태에서 암호화
AWS KMS 키를 선택해 유휴 상태에서 환경 변수를 암호화하거나 Lambda가 암호화를 관리하도록 합니다.
● (기본값)aws/lambda
○ 고객 마스터 키 사용

취소   저장

[그림 5-7] 환경 변수 편집 화면

```
import os
region = os.environ['AWS_REGION']
```

런타임에는 기본적으로 제공(예약)되는 환경 변수가 있다.

예약된 환경 변수	의미
_HANDLER	함수에 구성된 핸들러 위치
AWS_REGION	함수가 실행되는 리전
AWS_EXECUTION_ENV	런타임 ID, 앞에 AWS_Lambda_가 붙음 (예) AWS_Lambda_java8
AWS_LAMBDA_FUNCTION_NAME	함수 명
AWS_LAMBDA_FUNCTION_MEMORY_ SIZE	함수에 사용 가능한 총 메모리양(MB)
AWS_LAMBDA_FUNCTION_VERSION	함수의 버전
AWS_LAMBDA_LOG_GROUP_NAME AWS_LAMBDA_LOG_STREAM_NAME	함수의 Amazon CloudWatch Log 그룹 및 스트림 이름
AWS_ACCESS_KEY_ID AWS_SECRET_ACCESS_KEY AWS_SESSION_TOKEN	함수의 실행 역할에서 가져온 액세스 키
AWS_LAMBDA_RUNTIME_API	런타임의 호스트 및 포트
LAMBDA_TASK_ROOT	함수의 코드 경로
LAMBDA_RUNTIME_DIR	런타임 라이브러리 경로
TZ	환경의 표준시간대(UTC)

[표 5-7] 기본 제공 환경 변수

5.8 버저닝(Versioning)

AWS Lambda는 버저닝versioning을 지원한다. 함수를 게시할 때마다 새 버전으로 생성되어 히스토리로 남길 수 있다. 필요시 백업용으로 사용이 가능하여 함수 관리가 용이하다. 만약 배포를 잘못한 경우 버저닝으로 생성해둔 과거의 버전으로 롤백이 가능하다는 의미이다. 버전에는 별칭Alias을 사용할 수 있다. 다만 버전이 저장되면 소스코드에 대한 수정은 불가능하다.

[그림 5-8] 버저닝

버전을 발행하는 것은 간단하다. 작업 Select Box에서 Publish new version을 클릭하여 버전을 생성한다.

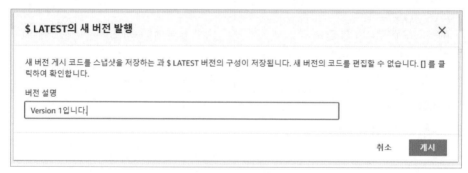

[그림 5-9] 버저닝 생성

버전의 설명을 넣고 게시하면 버전 1이 생성된 것을 확인할 수 있다.

[그림 5-10] 버저닝 생성 확인

해당 버전의 별칭을 사용하고 싶다면 동일하게 작업 Select Box에서 '별칭 생성'을 이용하여 생성한다.

[그림 5-11] 버저닝 별칭 생성

[그림 5-12] 버저닝 별칭 생성

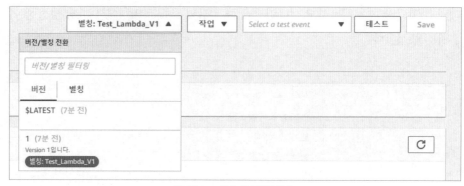

[그림 5-13] 버저닝 별칭 생성

5.9 테스트(Test)

AWS Lambda는 함수 테스트를 제공한다. 테스트 데이터는 json 형식으로 호출한다.

[그림 5-14] Lambda 콘솔 상단의 테스트 버튼 위치

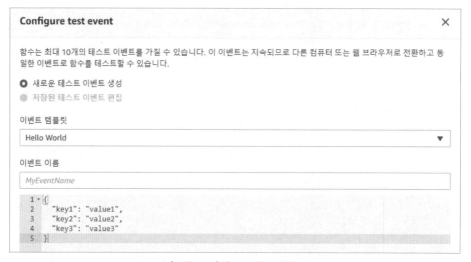

[그림 5-15] 테스트 레이어 팝업

5.10 계층(Layer)

AWS Lambda는 라이브러리를 패키징하여 계층으로 사용할 수 있다. 예를 들어 공통적으로 사용하는 모듈단위가 있다면, 패키징해서 레이어로 재사용할 수 있다는 것이다.

레이어를 사용하지 않으면 하나의 함수 용량이 클 수 있으며, 비슷한 용도로 사용되는 함수들에 대해서도 각각의 함수가 허용되는 용량보다 클 수 있다. 또한 패키징한 라이브러리의 버전이 올라가면 신규 라이브러리에 대해 기존에 등록한 레이어에 추가하여 버전을 올리면 되지만 각각의 함수에 라이브러리를 참조하도록 구성하면 함수를 모두 하나씩 수정해야하는 번거로움이 있다.

레이어는 하나의 함수에서 최대 5개를 사용할 수 있다. 함수와 레이어의 용량은 250MB를 초과할 수 없다. 레이어는 특정 AWS 계정, AWS Organizations 그리고 모든 계정에 대한 사용 권한을 지정할 수 있다.

레이어는 버저닝을 제공한다. 같은 레이어의 다른 버전은 동일하게 사용할 수 없다.

레이어는 각 언어별로 경로를 구성하는 방법이 다르다.

- **Python** – `python, python/lib/python3.8/site-packages`(사이트 디렉터리)
  예 Pillow

```
pillow.zip
| python/PIL
└ python/Pillow-5.3.0.dist-info
```

[그림 5-16] 파이썬 경로 설정

5.11 태그(Tag)

AWS Lambda는 '키-값' 형식의 태그^{Tag}를 사용할 수 있다. 태그^{Tag}를 등록하면 특정 함수의 호출빈도 그리고 비용 등 추적 프로세스를 갖출 수 있다. AWS Lambda의 개수가 늘어나고 관리가 어려워지기 전에 적절한 태그^{Tag}를 지정하여 비슷한 유형의 함수들을 필터링하여 쉽게 찾을 수 있다. 만약 회사 내 여러 부서가 Lambda를 사용할 때 태그^{Tag}를 이용하여 부서별 '키-값'을 지정하면 이를 이용하여 AWS Billing으로 부서별 비용 산정을 할 수 있다. 이를 통해 비효율적인 프로세스를 분류하여 개선할 수 있다. [그림 5-17]와 같이 태그에 'Team-Developer1'을 입력하면 필터를 통해 원하는 태그 정보를 사용한 함수만 볼 수 있다.

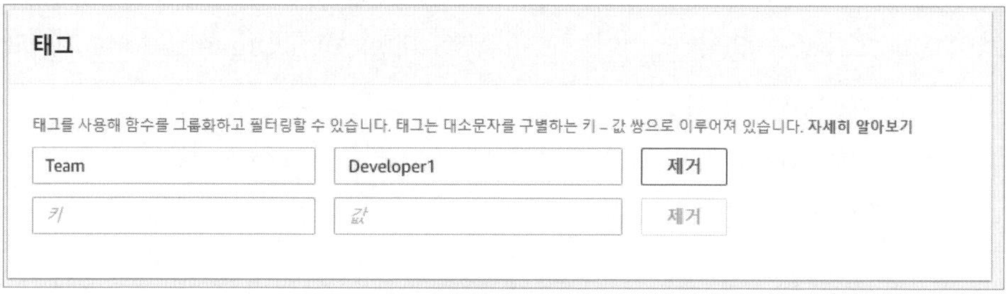

[그림 5-17] 태그 입력

[그림 5-18] 태그로 함수 검색

5.12 파일 시스템(File System)

2020년 6월 AWS Lambda에서 AWS EFS^{Elastic File System}를 사용할 수 있게 되었다. AWS EFS를 사용하면 기존에 용량 제한이 있었으나 파일 시스템을 사용함으로써 용량에 제한이 없어졌다. 이를 통해 무거운 라이브러리 패키지를 사용하는 것이 가능하게 되었다. 예로 PyTorch[*] 같은 무거운 라이브러리 패키지를 AWS EFS에 세팅한다. 이를 Lambda에서 사용하여 미리 학습된 모델을 이용하여 다양한 기능을 구현할 수 있다. EFS는 AWS Management Console, AWS CLI, AWS SDK 그리고 SAM^{Serverless Application Model}을 사용하여 구성할 수 있다. 기존에 AWS EC2 인스턴스 서버에서 사용하고 있는 AWS EFS를 같이 사용할 수 있다.

---

* PyTorch는 Python을 위한 오픈소스 머신 러닝 라이브러리이다. Torch를 기반으로 하며, 자연어 처리와 같은 애플리케이션을 위해 사용된다. GPU 사용이 가능하기 때문에 속도가 매우 빠르다.

5.13 Lambda 만들기

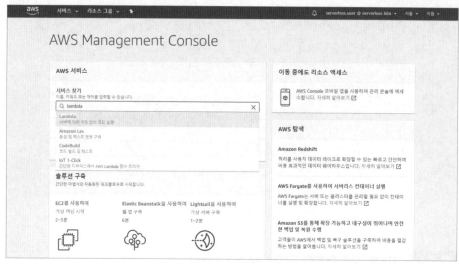

[그림 5-19] Lambda 콘솔 검색

AWS 서비스에서 lambda를 검색해 접근한다.

[그림 5-20] Lambda List

'함수 생성' 버튼을 클릭한다.

[그림 5-21] Lambda 함수 생성 Default

함수를 만드는 방법은 아래처럼 세 가지가 있다.

- 새로 작성 - Hello World를 print 하는 기본 샘플 함수
- 블루 프린트 사용 - 사전에 구성되어 있는 샘플
- 서버리스 앱 또는 리포지토리 찾아보기 - 공개/비공개된 리포지토리에 존재하는 샘플

Lambda > 함수 > 함수 생성

함수 생성 정보

다음 옵션 중 하나를 선택하여 함수를 생성합니다.

새로 작성 ●
간단한 Hello World 예제는 시작하십시오.

블루프린트 사용 ○
샘플 코드 및 구축 Lambda 애플리케이션을 위한 구성 사전 설정을 일반적인 사용 사례를 살펴봅니다.

서버리스 앱은 리포지토리 찾아보기 ○
샘플 Lambda 애플리케이션을 배포하십시오. AWS Serverless Application Repository

기본 정보

함수 이름
함수의 용도를 설명하는 이름을 입력합니다.

```
Test-Lambda
```

공백 없이 문자, 숫자, 하이픈 또는 밑줄만 사용합니다.

Runtime 정보
함수를 작성할 때 사용할 언어를 선택합니다.

```
Python 3.8                                              ▼
```

권한 정보
Lambda는 실행을 생성할 수 있는 권한이 부여된 역할의 Amazon CloudWatch Logs에 로그를 업로드할 수 있습니다. 트리거를 추가할 때 추가 권한을 구성하고 수정할 수 있습니다.

▼ 실행 역할을 선택하거나 생성하여

실행 역할
함수에 대한 권한을 정의하는 역할을 선택합니다. 사용자 지정 역할을 생성하려면 **IAM 콘솔**로 이동하십시오.

● 기본 Lambda 권한을 가진 새 역할 생성
○ 기존 역할 사용
○ AWS 정책 템플릿에서 새 역할 생성

> ⓘ 역할을 생성하는 데 몇 분 정도 걸릴 수 있습니다. 역할을 삭제하거나 이 역할에서 신뢰 또는 권한 정책을 편집하지 마십시오.

Lambda가 이름이 **Test-Lambda-role-xfjb3s6b**이고 Amazon CloudWatch Logs에 로그를 업로드할 수 있는 권한이 포함된 실행 역할을 생성합니다.

취소   함수 생성

[그림 5-22] Lambda 함수 생성 Python 선택

함수 이름을 'Test-Lambda'로 입력하고 Runtime은 'Python 3.8'을 선택하여 '함수 생성' 버튼을 클릭한다.

[그림 5-23] Lambda 함수 기본 Source Code (Python)

기본적으로 'Hello from Lambda'라는 결과 값을 리턴해주는 함수가 생성되었다.

[그림 5-24] Lambda 함수 콘솔 상단 '테스트' 버튼 위치

상단에 '테스트' 버튼을 클릭한다.

Configure test event

함수는 최대 10개의 테스트 이벤트를 가질 수 있습니다. 이 이벤트는 지속되므로 다른 컴퓨터 또는 웹 브라우저로 전환하고 동일한 이벤트로 함수를 테스트할 수 있습니다.

◉ 새로운 테스트 이벤트 생성
◌ 저장된 테스트 이벤트 편집

이벤트 템플릿

Hello World ▼

이벤트 이름

MyEventName

```
1 ▾ {
2     "key1": "value1",
3     "key2": "value2",
4     "key3": "value3"
5   }
```

[그림 5-25] 테스트 이벤트 레이어 팝업

테스트 템플릿을 생성하고, 다시 '테스트' 버튼을 눌러 테스트를 진행하면 [그림 5-26]
과 같은 결과 값이 나온다.

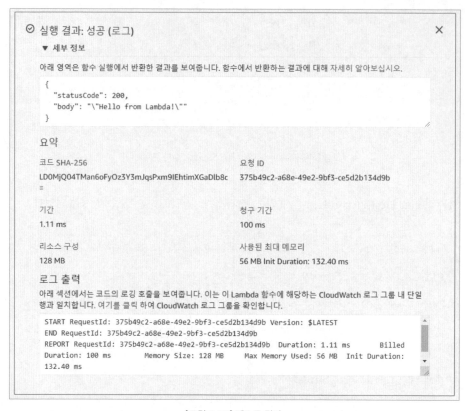

[그림 5-26] 테스트 결과

CHAPTER 06

스토리지

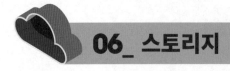

06_ 스토리지

6.1 AWS S3란

[그림 6-1] Amazon S3

Amazon S3^{Simple Storage Service}는 객체 스토리지이다. 안정성이 뛰어나고 가용성이 높으며 무제한 확장이 가능하다. 클라우드의 특성에 따라 사용하는 만큼 청구되기에 비용 또한 저렴하다. Amazon S3를 이해하기 위해 먼저 객체^{Object}와 버킷^{Bucket}를 알아야 한다.

Amazon S3에서 객체^{Object}란 파일과 메타데이터로 이루어진 데이터가 저장되는 기본 단위이다. 메타데이터는 MIME^{Multipurpose Internet Mail Extensions}* 형식으로 확장자를 통해 자동 설정되고, 사용자가 임의로 지정할 수 있다.

버킷^{Bucket}이란 Amazon S3에서 생성할 수 있는 최상위 디렉토리이다. 이름은 같은 리전 내에서 유니크해야 하며, 계정별로 100개까지 생성이 가능하다. 객체 수와 용량은 무제한으로 저장할 수 있다.

Amazon S3는 대부분의 회사에서 사용하고 있다. 오래전 구축한 파일서버 형태를 탈

---

* MIME(Multipurpose Internet Mail Extensions)이란 파일 변환을 뜻한다. 이메일과 함께 동봉할 파일을 텍스트 문자로 전환해서 이메일 시스템을 통해 전달하기 위해 개발되었다. 이 때문에 이름에 Internet Mail Extension이 들어간다. 현재는 웹을 통해 여러 형태의 파일을 전달하는 데 쓰이고 있다.

피하고 각 회사는 Amazon S3를 사용하고 있다. 사례로는 넷플릭스^{Netflix}가 수십억 시간에 달하는 콘텐츠를 Amazon S3를 통해 서비스하고 있다. 에어비엔비^{Airbnb}는 10페타바이트가 넘는 사용자 사진 그리고 백업데이터와 정적파일을 모두 Amazon S3에 저장하고 사용하고 있다.

6.2 Amazon S3 버킷 만들기

https://console.aws.amazon.com/s3에 접속하고 '버킷 만들기' 버튼을 클릭한다.

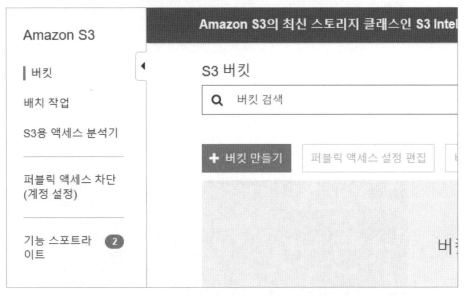

[그림 6-2] Amazon S3 Left Menu

1단계는 버킷의 이름과 리전을 입력하며, 최초 생성이 아닐 경우 기존 버킷에서 설정을 복사해서 사용할 수 있다.

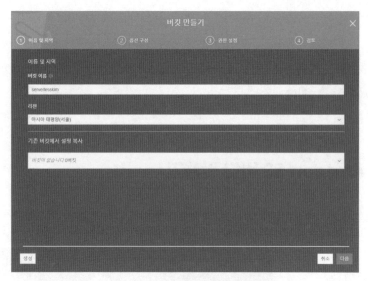

[그림 6-3] Amazon S3 신규 생성 1단계

2단계는 옵션을 구성한다. 버전관리와 서버 액세스 로깅을 설정할 수 있고, 기본 암호화가 제공된다. 태그를 입력하면 비용 추적에 용이하다. 처음 버킷 생성 시에는 '다음' 버튼을 클릭하여 계속 진행한다.

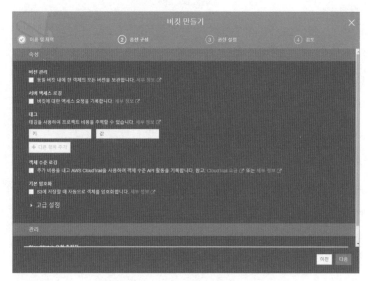

[그림 6-4] Amazon S3 신규 생성 2단계

3단계는 권한 설정이다. 모든 퍼블릭^{Public} 액세스를 차단한다. 이는 접근 권한이 없으면 버킷에 접근하지 못하게 하는 설정이다.

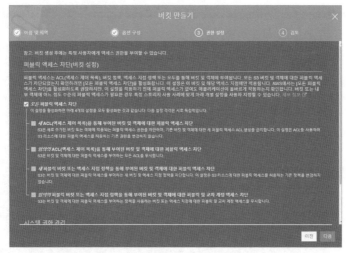

[그림 6-5] Amazon S3 신규 생성 3단계

최종 4단계에서는 앞서 설정한 정보들을 검토하는 단계이다. 이때 설정이 잘못된 것을 발견하면 '이전' 버튼을 클릭하여 재설정한다.

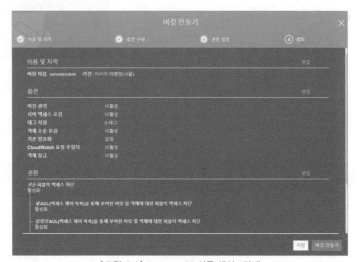

[그림 6-6] Amazon S3 신규 생성 4단계

버킷을 생성하면 [그림 6-7]과 같이 Amazon S3의 Console Management 메인 화면에서 생성한 버킷을 확인할 수 있다.

[그림 6-7] Amazon S3 버킷 리스트

[그림 6-8] Amazon S3 버킷 정보

6.3 Amazon S3 파일 업로드

생성한 버킷을 클릭하여 버킷의 상세 페이지로 이동한다. 이동한 페이지에서는 객체를 업로드할 수 있다. 접근한 업로드 페이지에서 직접 파일을 업로드해 본다.

[그림 6-9] Amazon S3 버킷 상세 페이지

업로드 버튼을 클릭하면 업로드 페이지가 나타난다. 4단계로 진행되며 1단계에서는 '파일 추가' 버튼을 클릭하여 로컬의 파일을 선택할 수 있다.

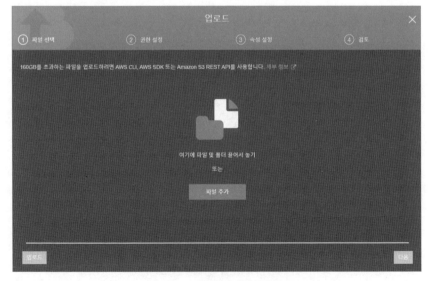

[그림 6-10] 업로드 레이어 팝업

1개의 파일을 추가하고 '다음' 버튼을 클릭한다.

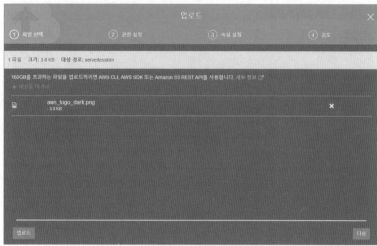

[그림 6-11] 파일 업로드

2단계에서는 권한 설정을 할 수 있다. 이때 권한에 따라 읽기 혹은 읽기/쓰기를 설정할 수 있다.

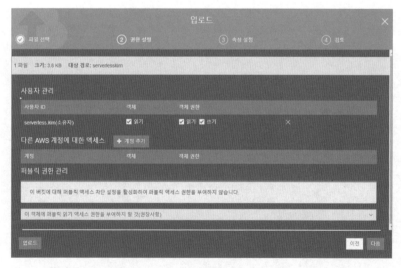

[그림 6-12] Amazon S3 파일 업로드 2단계

3단계에서는 속성을 설정할 수 있는데, 스탠다드를 선택하고 '다음' 버튼을 클릭한다.

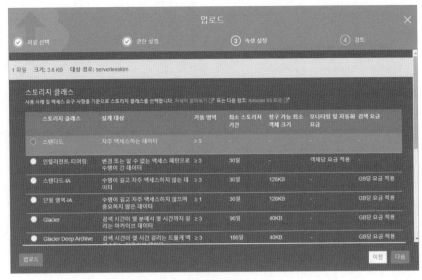

[그림 6-13] 업로드 레이어 팝업

4단계에서는 검토가 진행된다. 검토가 끝나면 '업로드' 버튼을 클릭하여 업로드를 진행한다.

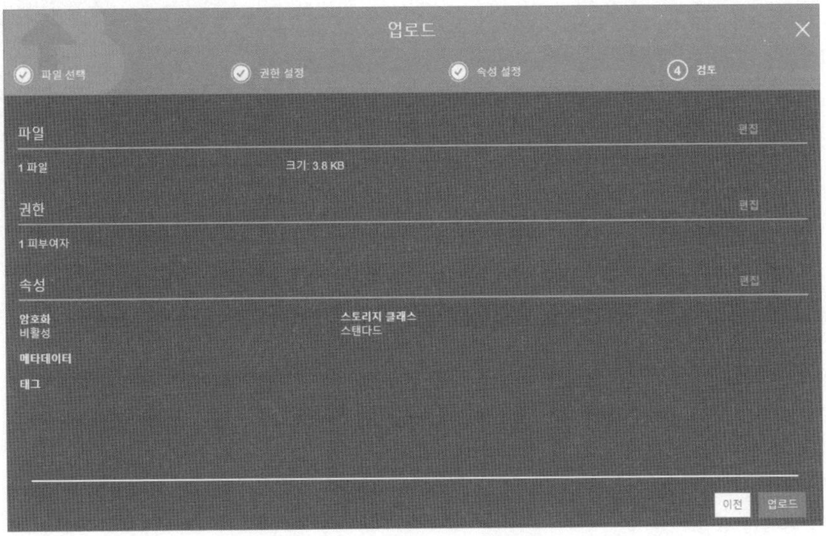

[그림 6-14] Amazon S3 파일 업로드 4단계

업로드가 완료되면 [그림 6-15]와 같이 업로드한 파일이 노출된다.

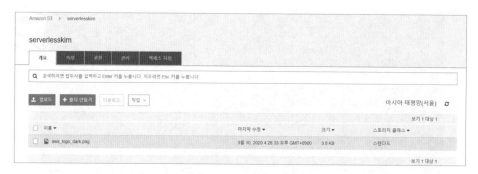

[그림 6-15] Amazon S3 파일 List

행을 선택하면 우측에 파일 정보가 나타난다. 객체 URL은 퍼블릭 설정으로 직접 접근은 불가능하며, 권한이 있어야 접근이 가능하다.

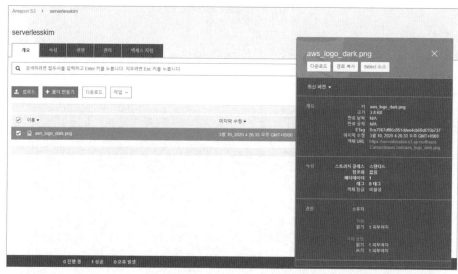

[그림 6-16] 업로드 파일 정보

6.4 Amazon EFS

[그림 6-17] Amazon EFS

2020년 6월 AWS Lambda를 이용할 때 AWS EFS^{Elastic File System}를 사용할 수 있게 되었다.

AWS EFS는 관리형 파일 스토리지이다. 온프레미스 환경에서 사용하던 NFS^{*Network File System}와 동일한 서비스이다. EFS는 간편하고 빠르게 구성할 수 있으며, 필요한 만큼 자동으로 스토리지 공간을 확보한다. 여러 EC2(인스턴스 서버)와 동시에 접근이 가능하며 온프레미스 환경의 서버에서도 접근이 가능하다.

객체 스토리지 서비스인 Amazon S3와 다르게 AWS EFS는 NFSv4 프로토콜을 통해 파일공유 권한 모델 및 계층 디렉토리 구조를 사용한다. Amazon EC2에서 전용 스토리지 볼륨으로 사용하는 Amazon EBS^{Elastic Block Store}와 AWS EFS는 다르다. EFS는 공유 파일 스토리지이기에 수많은 클라이언트와 동시에 연결하여 사용할 수 있다.

EFS는 파일시스템, S3는 객체 스토리지, EBS는 블록 스토어이다.

---

* NFS는 시스템(Client)에서 다른 시스템(Server)의 자원을 자신의 자원처럼 사용이 가능한 것을 의미한다.

CHAPTER 07

메시징 서비스

07_ 메시징 서비스

7.1 Amazon SQS

[그림 7-1] Amazon S3

Amazon SQS^{Simple Queue Service}는 AWS에서 제공하는 안정적인 메시지 큐 서비스이다. 이름 그대로 메시지 큐를 먼저 이해해야 한다.

7.2 메시지 큐(Message Queue)

'메시지 큐'의 더 큰 개념으로는 MOM^{Message Oriented Middleware}이 있다. MOM은 비동기 메시지를 사용하는 프로그램 간의 데이터 송수신을 의미하는데 MOM을 구현한 시스템을 '메시지 큐'라고 한다. 메시지 큐는 메시지를 손실 없이 정확히 처리하며, 고가용성을 제공한다. 오래 걸리는 통신이 있으면, 사용자에게 우선적으로 보여주는 선처리와 비동기 통신을 이용하여 후처리 하는 것이 현대의 애플리케이션 특징인데 이는 가장 대표적인 메시지 전송방법이다. 오픈소스에는 RabbitMQ, ActiveMQ, Kafka 등이 있다.

[그림 7-2] Message Queue

메시지 큐의 기본 동작은 Producer → Queue → Consumer이다. Producer가 메시지를 Queue에 넣어두면 Consumer가 메시지를 갖고 온다. 이런 방식을 사용하는 이유는 일반적으로 모든 프로세스를 동기처리 하게 되면 사용자가 많이 모이고 그만큼 통신량이 많아지면 병목현상이 생긴다. 그로 인하여 서버의 성능이 저하되고, 정상적인 프로세스를 진행 중이던 사용자까지 피해가 발생한다. 만약 연결되어 있는 다른 서비스가 존재하면 그 피해는 매우 커진다. 이런 문제점을 해결하고자 미들웨어에 메시지를 위임하고 처리하는 방법이다. 일반적으로 사용 방법으로는 대용량 데이터 처리를 위한 배치, 채팅 서비스 등이 있다.

우리가 가장 자주 보는 형태를 예로 들면 커머스 시스템에서 사용자의 이벤트를 감지했을 때 사용자가 지정된 시간에 폭발적인 접속으로 서버에 부하가 발생한다. 이를 대부분 메시지 큐로 처리함으로써 사용자에게 대기열을 제공하여 대기 순서를 부여한다.

 참고

[그림 7-3] Amazon MQ

AWS에서 또 다른 메시지큐 서비스로는 Amazon MQ가 있다. 이는 이미 구현하여 동작 중인 애플리케이션을 마이그레이션 하여 바로 사용할 때 사용한다. 또한 AMQP, STOMP, JMS, NMS 등 다양한 표준 프로토콜 호환이 필요할 때 사용한다.

Amazon SQS는 메시지의 보존기간이 있다. 이는 메시지 전송에 실패하거나 대기열이 많은 상황이지만 스케일이 처리량에 비해 아주 적을 때 메시지를 보관한다.

Amazon SQS는 선입선출^{FIFO} 대기열과 표준^{Standard} 대기열로 직접 구성할 수 있다. 표준^{Standard} 대기열은 메시지 순서를 최대한 보존할 수 있으나 2개 이상의 메시지 사본이 순서가 맞지 않게 전송(무작위 처리)될 수 있다. 이러한 이유로 선입선출 대기열이 존재한다.

선입선출^{FIFO} 대기열을 사용하는 목적은 순서가 중요하고 중복항목이 허용되지 않는 경우에 사용한다. FIFO 대기열은 배치작업$^{Send-Receive-Delete}$을 초당(TPS) 최대 3,000개의 메시지를 지원한다. (할당량을 증가하려면 별도로 AWS에 요청해야 한다.) 일괄 처리(배치성 작업)를 하지 않는다면 초당 300개의 메시지를 지원한다.

Amazon SQS는 최소 1회 전송 처리하는데 만약 전송에 실패하는 경우 이는 중복전송을 할 수 있기에 유의해야 한다. Amazon SQS의 메시지 보존기간은 기본적으로 4일이며, 'SetQueueAttributes' 작업을 통해 60초에서 1,209,600초(14일) 사이로 초단위 설정을 직접 할 수 있다. 보존기간이 지나면 대기열에 존재하는 메시지를 삭제한다. 이런 특성으로 Amazon SQS의 중복전송은 개발자의 몫이기도 하다.

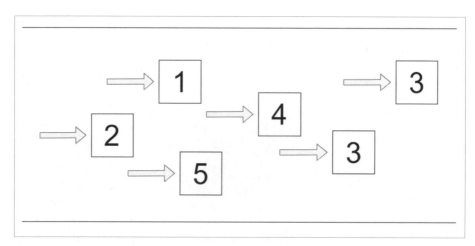

[그림 7-4] 표준 대기열

[그림 7-5] FIFO 대기열

7.3 Amazon SNS

[그림 7-6] Amazon SNS

Amazon SNS^{Simple Notification Service}는 알림을 설정, 운영 및 전송하는 서비스이다. 애플리케이션의 메시지를 게시하면 이를 구독자나 다른 애플리케이션에 즉시 전송할 수 있다.

7.4 게시-구독(Publish-Subscribe)

Amazon SNS는 Pub-Sub^{Publish-Subscribe} 패턴으로 동작한다. 쉽게 이해하는 방법으로는 우리가 흔히 사용하는 YouTube의 게시(발행)/구독을 생각하면 된다. 옵저버 패턴^{Observer Pattern}이라고 하기도 하는데 비슷한 개념이지만 차이점이 존재한다. 중간에 메시지 브로커^{Message Broker} 혹은 이벤트 버스^{Event Bus}의 존재 여부에 따라 구분할 수 있다. 쉽게 말해서 옵저버 패턴은 옵저버와 서브젝트가 서로를 인지하지만 Pub-Sub 패턴은 서로를 몰라도 문제 없다. Pub-Sub 패턴은 Publisher가 Subscriber의 위치나 존재를 알지 못해도 Message Queue와 같은 Broker 역할을 하는 중간지점에 메시지를 던져 놓으면 된다. 하지만 옵저버 패턴은 서브젝트가 직접 옵저버에 알려주어야 한다. 하지만 이러한 차이점에 따라서 결합도가 낮음을 의미하고, 의존성이 낮아 잘못된 구현이 발생할 수 있다.

Publish가 Amazon SNS로 Message를 던지면 이는 토픽Topic을 통해 필터링과 팬 아웃Fan-Out*을 거치고 구독자에게 전달된다. 이때 토픽Topic이란 애플리케이션 엔드 포인트들이 구독 단위로 그룹핑 되어 있는 것이다.

Amazon SQS 대기열이나 AWS Lambda 함수 및 HTTP/S Webhook을 비롯한 병렬 프로세싱을 위해 대규모 구독자 엔드 포인트로 메시지를 팬 아웃할 수 있다. 그리고 모바일 푸시, SMS, E-mail을 사용할 수 있다.

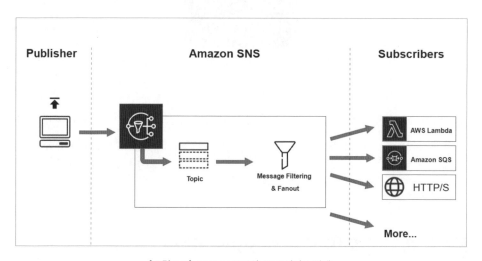

[그림 7-7] Amazon SNS의 AWS 서비스 연계

---

* 팬 아웃이란 주제 및 그룹을 타겟팅하거나 미리 알람을 전송할 유저들을 구분하고 사용하여 잠재고객 및 사용자에게 여러 기기로 메시지를 전송하는 프로세스이다.

## CHAPTER 08

API Gateway

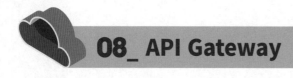

08_ API Gateway

8.1 Amazon API Gateway

[그림 8-1] Amazon API Gateway

Amazon API Gateway는 사용자가 쉽게 API를 생성, 게시, 관리, 모니터링, 보안까지 관리가 가능한 완전관리형 서비스이다. Amazon API Gateway는 트래픽 관리, CORS 지원, 권한 부여 및 액세스 제어, 제한, 모니터링 및 API 버전 관리 등 최대 수십만 개의 동시 API 호출을 수신 및 처리하는 데 관계된 모든 작업을 처리한다. Amazon API Gateway는 최소 요금이 존재하지 않는다. 수신한 API 호출과 전송한 데이터양에 대한 요금 청구를 받는다. Amazon API Gateway의 선택 옵션으로는 REST API, WebSocket API가 있고, 2019년에 신규 추가된 HTTP API까지 존재한다.

8.2 HTTP API

HTTP는 'Hypertext Transfer Protocol'의 약자이다. 여기서 Hypertext Transfer는 링크Link 기반으로 데이터를 주고받는다는 것이다. 클라이언트와 서버가 요청과 응답을 하기 위해 따르는 프로토콜이다. 이를 통해 HTML 문서를 주고받거나 오디오,

이미지, 동영상, 텍스트 문서 등을 주고받는다. HTTP의 동작방식을 예를 들어 표현하면 [그림 8-2]와 같다.

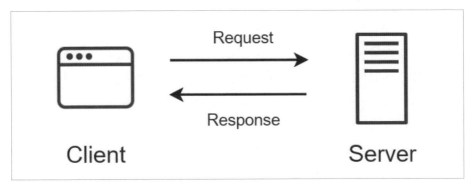

[그림 8-2] HTTP의 동작 방식

클라이언트가 웹 애플리케이션으로 기능을 수행한다면, 이는 브라우저를 이용하여 서버에 요청Request 한다. 이때 프로토콜과 도메인, URI를 이용하여 요청한다. 그리고 서버는 클라이언트가 요청한 내용에 따라 내부적으로 처리를 진행하고 그 결과를 응답Response 해준다.

HTTP는 아래와 같은 특징이 있다.

1) 비연결성Connectionless

- 클라이언트와 서버가 단 한 번의 연결을 통해 정보를 주고받고 서버가 응답을 한 번 하면 연결을 끊는다. 여기에는 장단점이 존재하는데 장점으로는 서버가 연결을 끊음으로써 리소스를 낭비하지 않는다. 단점으로는 매번 새로운 연결을 시도하고 해제하기 때문에 오버헤드가 발생한다. 이를 줄이기 위해 'KeepAlive' 속성을 사용한다. KeepAlive는 지정된 시간 동안 클라이언트와 서버 사이에서 패킷 교환이 없어도 주기적으로 패킷을 보내는 것이다. 패킷에 반응이 없으면 접속을 끊는다. 하지만 이는 완전한 해결방법이 아니다. KeepAlive 상태를 유지하면 서버에서는 메모리를 많이 사용하기에 주의가 필요하다.

2) 무상태^{Stateless}

2) 무상태Stateless

- 상태가 존재하지 않는다. 이는 상태 값을 갖고 있지 않으며, 요청받은 정보에 대해서 주고받기만 한다. 상태를 유지하기 위해서는 클라이언트에서 쿠키를 사용하거나 서버에서 세션을 사용해야 한다. 쿠키와 세션은 각각의 리소스를 유지하기 위해 메모리를 사용하는데 이것은 과부하의 원인이 되기도 한다. 또한 위변조 위험도 존재한다. 토큰을 사용하는 방법도 있다. 보호해야 할 상태정보를 토큰으로 치환하여 사용한다. 대표적으로 OAuth, JWTJson Web Token가 있다.

3) HTTP Method

- 클라이언트가 서버로 요청Request을 할 때 어떠한 목적을 갖는지 HTTP 메소드에 명시한다. GET, HEAD, POST, PUT, PATCH, DELETE, CONNECT, TRACE, OPTION이 있다. HTTP 메소드에 대한 정보는 URL을 통해 확인할 수 있다.

MDN web docs : https://developer.mozilla.org/ko/docs/Web/HTTP/Methods

4) 응답 상태코드

- 서버는 클라이언트 요청에 대해 숫자로 상태코드를 반환한다. 흔히들 404 에러나 500 에러를 경험할 수 있다. 응답 상태코드에 대한 정보는 URL을 통해 확인할 수 있다.

MDN web docs : https://developer.mozilla.org/ko/docs/Web/HTTP/Status

8.3 REST API

REST는 'Representational State Transfer'의 약자이다. 직관적으로 해석하면 '대표적인 상태 전달'인데 이를 이해하기란 쉽지 않다.

'대표적이다'에 대해 이해해보자. 우리는 시스템을 구성하는 여러 자원Resource이 있다는 것을 알고 있다. 이것은 상황에 따라 대표적인 것이 다르다. DB를 기준으로 생각해본다면 Users라는 Table이 존재한다. 이때 유저들의 정보는 하나의 자원이 된다. 그렇다면 Table에 존재하는 데이터 각각의 필드가 있을 것이다. 특정 유저를 구분하는 값으로 id 값이 존재한다면 이를 통해 우리는 '대표적이다'에 가까운 필드라고 생각할 수 있다. REST는 이러한 자원^{Resource}들에 고유한 URI를 부여한다.

REST는 아래와 같은 특징이 있다.

1) 클라이언트/서버^{Client/Server}
   - REST 서버는 API를 제공하고 이를 클라이언트에서는 사용자 인증이나 컨텍스트^{Context} 등을 직접 관리하는 구조가 된다. 이때 각각의 역할이 명확하기에 서로 의존성이 낮아진다.

2) 무상태^{Stateless}
   - 상태가 존재하지 않는다. 이는 상태 값을 갖고 있지 않으며, 요청받은 정보에 대해서 주고받기만 한다.

3) 캐싱 처리 가능^{Cacheable}
   - HTTP를 이용하기 때문에 HTTP 프로토콜 표준에서 사용하는 Last-Modified 태그나 E-Tag를 이용하면 캐싱을 구현할 수 있다. 캐시를 사용하면 응답시간이 빠르며, 서버의 자원 사용률이 향상하는 등의 장점이 있다.

4) 계층화^{Layered System}
   - REST 서버는 다중 계층으로 구성할 수 있다. 이에 보안, 암호화 계층, 로드밸런싱을 추가하여 구조적으로 유연하게 관리할 수 있다. 또한 게이트웨이 같은 네트워크 기반의 중간매체를 사용할 수 있다.

5) Code-On-Demand
   - 이는 필수적이지 않지만 서버로부터 스크립트를 받아 클라이언트에서 실행하는 것이다.

6) 인터페이스의 일관성^{Uniform Interface}
   - REST는 URI로 지정한 자원^{Resource}에 대해 통일하여 한정적인 인터페이스로 수행하는 아키텍처 스타일을 의미한다. 쉽게 표현하자면 우리는 어떠한 서버언어

(C#, Java, Python, Ruby, PHP 등)를 사용하는 경우, 그리고 어느 플랫폼(iOS, An-droid, Windows, Mac)을 사용하는지에 따라 영향을 받지 않고 사용할 수 있다. 이는 대부분 HTTP 특징과 동일하기 때문에 신경 쓰지 않아도 HTTP의 경험이 있다면 구현하는 데 크게 문제가 발생하지 않는다. 그러나 인터페이스의 일관성의 제약조건이 있다. 아래의 내용을 참고하자.

인터페이스의 일관성의 제약조건

1) Identification of resources
   - Resource를 URI로 식별한다.
2) Manipulation of resources through representations
   - Representations을 전송하여 Resources를 조작한다.
   (Representations이란 HTTP Method의 PUT, GET, DELETE 등을 의미한다.)
3) Self-Descriptive Messages
   - 서버와 클라이언트가 주고받는 메시지가 스스로를 설명해야 한다. 즉, 메시지만으로 어떤 기능인지 이해할 수 있어야 한다.
   HTTP URI는 자원을, HTTP Method는 행위를, MIME Type는 표현방식을 의미한다.

이를 기준으로 아래의 예를 살펴보자.

예시

아래의 요청 메시지를 보면 단순히 URI 자원은 '/100'이고 Method는 'GET'이다. 메시지에는 목적지가 존재하지 않는다.

```
GET /100 HTTP /1.1
```

목적지 내용 'Host : example.com' 을 추가한다.

```
GET /100 HTTP /1.1
Host : example.com
```

이제 목적지는 존재한다. 이제 위의 요청 메시지를 보면 example.com이라는 목적지에 '/100'이라는 URI로 'GET'을 한다는 것이다.

그럼 이제 응답 메시지를 보자.

```
HTTP/1.1 200 OK
[ { op : "remove", path : "a/b/c" } ]
```

HTTP/1.1 기반으로 통신했으며, 200번의 상태코드와 GET 요청에 성공했다는 내용이 있다. 또한 데이터의 형식은 JSON 형식의 데이터를 담고 있는 것을 우리는 알 수 있다. 그렇지만 클라이언트에서는 메시지만 보고 어떤 형태의 데이터 형식인지 확인할 수 없다.

그렇기 때문에 Content-Type을 추가한다.

```
HTTP/1.1 200 OK
Content-Type : application/json
[ { op : "remove", path : "a/b/c" } ]
```

앞과 같이 변경하였음에도 조건은 만족하지 않는다. 조금 더 명확하게 타입까지 선언해야 한다.

```
HTTP/1.1 200 OK
Content-Type : application/json-patch+json
[ { op : "remove", path : "a/b/c" } ]
```

Content-Type을 application/json-patch+json으로 변경함으로써 클라이언트는 이제 Body 값을 JSON 형식이라는 것을 인지할 수 있다.

4) Hypermedia as the engine of application state (HATEOAS)
- 애플리케이션의 상태는 하이퍼링크Hyperlink를 이용하여 전이Transfer가 되어야 한다. 즉, 리턴 메시지에 Link 값이 있어야 한다. 아래의 예시를 보면 text/html 값으로 링크 정보를 포함한 값을 리턴한다.

```
HTTP/1.1 200 OK
Content-Type: text/html
<html>
<head></head>
<body><a herf="/page">page</a></body>
</html>
```

8.4 HTTP API와 REST API의 선택기준

HTTP API와 REST API 중에 어떤 것을 사용해야 할까?

두 개의 서비스는 가격에서 큰 차이가 있다. HTTP API는 100만 요청 기준 1달러이고 REST API는 3.5달러이다. 가격에서 이미 3배 이상의 차이가 있다. 또한 HTTP API는 기존 REST API 대비 대기시간을 최대 60% 이상 줄일 수 있다. HTTP API는 프록시 기능만을 제공하며, 그에 맞게 최적화되어 있기 때문이다. REST API의 기능이 정말 본인이 구현하는 데 필요한 기능이 존재하는지, HTTP API로 충분하지 않은지 고려해봐야 한다.

권한 부여자	HTTP API	REST API
AWS Lambda		O
IAM		O
Amazon Cognito	O	O
네이티브 OpenID Connect/OAuth 2.0	O	

통합	HTTP API	REST API
HTTP 프록시	O	O
Lambda 프록시	O	O
HTTP		O
AWS 서비스		O
프라이빗 통합	O	O
모의		O

API관리	HTTP API	REST API
사용량 계획		O
API 키		O
사용자 지정 도메인 이름	O	O

개발	HTTP API	REST API
Cache		O
변환 요청		O
요청/응답 검증		O
호출 테스트		O
CORS 구성	O	
자동 배포	O	
기본 단계	O	
기본 경로	O	

보안	HTTP API	REST API
클라이언트 인증서		O
AWS WAF		O
리소스 정책		O

API 유형	HTTP API	REST API
리전	O	O
에지 최적화		O
프라이빗		O

모니터링	HTTP API	REST API
Amazon CloudWatch Logs 액세스 로그	O	O
Amazon Kinesis Data Firehose 액세스 로그		O
실행 로그		O
Amazon CloudWatch 지표	O	O
AWS X-Ray		O

[표 8-1] HTTP API / REST API 지원정보

8.5 WebSocket API

웹버전의 TCP 또는 Socket을 이용하여 서버와 클라이언트 간 소켓 연결을 통해 양방향 통신 혹은 데이터 전송이 가능한 기술이다. 이전에 기술은 서버와 클라이언트 간영구적인 연결이 아닌 '요청Request-응답Response'방식이었다. 그러나 HTML5의 등장으로 우리는 보다 쉽게 소켓 통신을 웹 환경에서 할 수 있게 되었다. HTTP 통신방법과WebSocket의 차이점은 프로토콜이다. 최초 접속 시에는 HTTP를 사용하지만 연결후 WebSocket의 독자적인 프로토콜로 이루어진다. 이렇게 등장한 WebSocket은현재 실시간 대시보드나 채팅 등에 널리 쓰이고 있다.

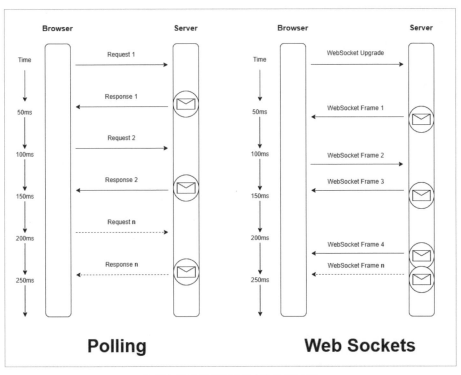

[그림 8-3] HTTP 방식과 웹 소켓 방식의 비교

## CHAPTER 09

모니터링

09_ 모니터링

9.1 Amazon CloudWatch

[그림 9-1] CloudWatch

Amazon CloudWatch는 AWS 리소스와 AWS에서 실시간으로 실행 중인 애플리케이션을 모니터링한다. Amazon CloudWatch를 사용하여 지표를 수집 및 추적하고 로그 파일을 수집, 모니터링 하고 경보를 설정할 수 있다. 이를 통해 시스템의 전반적인 리소스 활용률, 성능, 상태를 파악할 수 있다. 이 정보를 기반으로 문제에 대응하며, 개선점을 찾아 원활한 애플리케이션 상태를 유지할 수 있다.

9.2 Amazon CloudWatch의 기본 개념

메트릭Metrics

- 메트릭은 CloudWatch에 게시된 시간순으로 정렬된 데이터 포인트 집합을 나타낸다.
- 모니터링 중인 변수와 데이터 포인트를 시간에 따라 해당 변수의 값과 연관시킬 수 있다.

- 메트릭은 이름, 네임스페이스 및 0개 이상의 차원으로 고유하게 정의된다. 각 데이터 포인트에는 타임스탬프가 있다.

차원Dimensions

- 측정기준은 메트릭을 고유하게 식별하는 이름/값 쌍이다.
- 측정기준은 메트릭을 설명하는 특성 범주로 간주될 수 있다.
- 측정기준은 측정항목의 고유 식별자이므로 측정항목 중 하나에 고유한 이름/값 쌍을 추가할 때마다 해당 측정항목의 새로운 변형을 만든다.

통계Statistics

- 통계는 지정한 기간의 메트릭 데이터 집계이다.
- 집계는 지정한 기간 내에 네임스페이스, 메트릭 이름, 차원을 사용하여 이루어진다.
- 사용 가능한 통계는 최대, 최소, 합계, 평균 및 샘플 수이다.

경보Alarm

- 알람을 사용하여 자동으로 작업을 시작할 수 있다.
- 지정된 기간에 단일 메트릭을 보고 하나 이상의 지정된 작업을 수행한다.
(예: Amazon SNS 전송)

9.3 Amazon CloudWatch Logs

CloudWatch Logs는 애플리케이션의 리소스를 기록하고, 필요한 로그 데이터를 검색할 수 있다.

[그림 9-2] CloudWatch Management Console

CloudWatch의 로그는 로그 그룹 단위로 기록된다. 여러 서비스에서 발생하는 로그를 기록하며, 이를 필요에 따라 필터링하여 원하는 데이터를 검색할 수 있다. 그리고 로그 기록만료 시점을 설정할 수 있다.

[그림 9-3] 로그 그룹

로그 그룹 명을 클릭하여 세부 정보를 확인할 수 있다. 로그 그룹의 현재 저장된 용량을 확인할 수 있고, 삭제 및 Amazon S3에 저장할 수 있다.

[그림 9-4] 로그 그룹 세부 정보

로그 그룹에서 로그 데이터를 확인할 수 있다. 이를 삭제하거나 필터링하여 원하는 기준으로 데이터를 찾을 수 있다. 검색 결과를 복사하여 CSV로 다운로드할 수 있다.

[그림 9-5] 로그 그룹 - 로그 스트림

CloudWatch Logs의 Logs Insights를 사용하면 원하는 로그를 쿼리로 호출하여 확인할 수 있다.

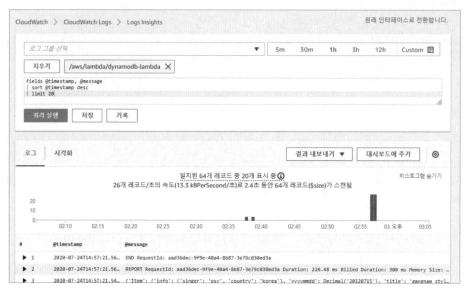

[그림 9-6] CloudWatch Management Console

사용하는 쿼리는 저장하여 재사용이 가능하다.

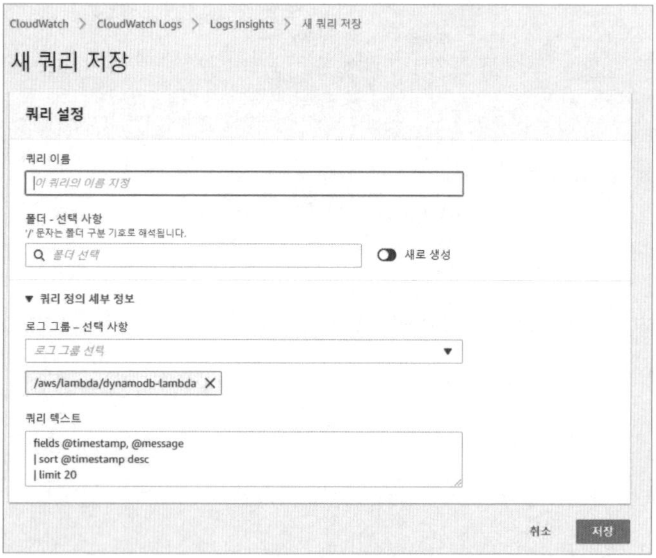

[그림 9-7] Log Insights - 쿼리 저장

[그림 9-8] Log Insights - 결과 내보내기

Log Insights에서 '결과 내보내기'를 통해 데이터를 다운로드하거나 복사할 수 있다.

9.4 Amazon CloudWatch 지표

CloudWatch에서는 지표를 통해 그래프 형식으로 로그를 표현해준다. 지표에는 행, 누적 면적, 번호(숫자) 형식으로 선택할 수 있다. 그래프 옵션을 이용하면 X, Y축에 대한 레이블과 최대, 최소 한도를 지정할 수 있다. 가로, 세로 주석을 추가하여 지표가 임계 값을 언제 이탈하는지 확인할 수 있다.

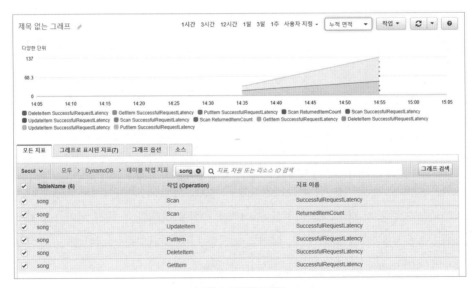

[그림 9-9] 지표 그래프

지표 정보를 소스로 관리할 수 있어 관리에 용이하다.

[그림 9-10] 지표 그래프의 소스

9.5 Amazon CloudWatch 이벤트

CloudWatch는 이벤트를 제공한다. 규칙을 사용하면 서비스 트리거, Cron job과 같은 형식의 작업이 가능하다.

[그림 9-11] 이벤트 - 규칙

규칙은 이벤트 패턴 또는 일정으로 생성할 수 있다. 이벤트 패턴은 서비스와 트리거하는 개념으로 특정 서비스를 지정하고, 이벤트 유형을 선택한 후 대상 서비스를 지정하여 동작하도록 설정할 수 있다. 이벤트 패턴은 서비스 단위를 선택할 뿐만 아니라사용자 지정 이벤트 패턴으로 직접 작성할 수 있다.

[그림 9-12] 이벤트 - 규칙 생성 - 이벤트 패턴

일정으로 규칙을 생성하면 설정한 일정에 따라 대상을 호출한다. 이때 고정 비율로 일/시/분 단위로 설정이 가능하며, Cron 표현식을 사용할 수도 있다.

[그림 9-13] 이벤트 - 규칙 생성 - 일정

9.6 Amazon CloudWatch 대시보드

CloudWatch에서 대시보드를 사용할 수 있다. 이를 이용하면 한 페이지 내에서 원하는 로그를 원하는 형식으로 확인할 수 있다. 대시보드는 사용자가 직접 생성 및 수정, 삭제가 가능하며 원하는 레이아웃 형태로 생성할 수 있다.

[그림 9-14] 대시보드 생성

[그림 9-15] 대시보드 - 위젯

대시보드에는 총 6가지의 위젯을 사용할 수 있다.

[그림 9-16] 대시보드 예

## CHAPTER 10

데이터베이스

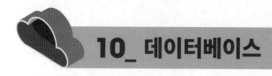

10_ 데이터베이스

10.1 Amazon DynamoDB

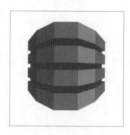

[그림 10-1] DynamoDB

Amazon DynamoDB는 NoSQL 기반의 완전관리형 데이터베이스 서비스이다.
우선 NoSQL과 RDBMS(Relational Database Management System; 관계형 데이터베이스 관리 시스템)의 차이점을 인지해야 한다.

RDBMS는 정의한 데이터 스키마에 따라 데이터베이스 테이블에 저장되고, 관계를 통해 테이블 간 연결하여 사용한다. 효율적인 관리를 위해 구조화가 필요하다. 스키마는 데이터베이스를 구성하는 개체Entity, 속성Attribute, 관계Relationship 및 데이터를 조작할 때 데이터 값이 갖는 제약조건 등 전반적으로 정의한다. RDBMS의 장점은 정해진 스키마에 따라 데이터를 저장해야 명확한 데이터 구조를 보장한다. 데이터의 속성에 맞게 저장하기 때문에 데이터 공간을 절약할 수 있다. 단점은 비용적인 부담이 있다. 그리고 시스템 복잡도를 고려해서 구조화해야 하고, 시스템이 커지고 복잡하게 될수록 쿼리도 복잡하고 성능도 저하된다. 수평적Horizontal으로 확장Scaling이 어려워 수직적Vertical으로 확장하기 때문에 한계에 직면하는 경우가 발생한다.

NoSQL은 Not Only SQL, Non-relational Database 라고 한다. NoSQL은 스키마와 관계라는 개념이 존재하지 않는다. RDBMS에서는 스키마에 맞게 데이터를 관리하는데 NoSQL은 스키마가 없어 자유롭게 데이터를 관리한다. 테이블과 같은 개념으로 콜렉션이라는 형태로 데이터를 관리한다. 예를 들어 조인JOIN과 같은 SQL 구문을 사용하지 않아 복잡한 테이블 간 관계를 가진 구조인 RDBMS보다 자유롭다. 일반적으로 필요한 데이터가 하나의 콜렉션에 있고 자주 변경되지 않는 데이터에 큰 장점이 있다. 수평적으로 확장하기에 용이하며 분산처리를 주로 처리한다. 단점은 콜렉션에 중복된 데이터 저장이 가능하다. 데이터 업데이트 시 저장되어 있는 업데이트를 동일하게 해주어야 한다.

DynamoDB는 사용자가 설정한 처리량Throughput의 범위를 초과하면 요청을 거절한다. 예정된 스케줄 단위의 프로비저닝을 해주거나, 주문형On-Demand 요금정책을 이용해야 하는데 이는 예측된 처리량이 기반으로 되어야 한다. 일반적으로 단점들을 보완하기 위해 Redis 같은 인메모리를 같이 사용하기도 한다. AWS에서는 Amazon ElasticCache라는 관리형 서비스(Redis 및 Memcached)를 제공한다.

10.2 Amazon DynamoDB의 구성 요소

DynamoDB는 테이블Table, 속성Attribute, 항목Item으로 구성된다.

테이블Table
항목 그룹으로 시각화할 수 있다. 회원의 레코드로 예를 들면, 이름, 아이디ID, 주소, 연락처 등 이런 모든 항목을 테이블에 저장한다.

항목Item
테이블의 특성 집합이다. 테이블에서 항목을 고유하게 정의할 수 있는 특성 집합으로 이해하면 된다. 예를 들어 회원번호라는 고유한 레코드 항목은 단일 회원을 식별할 수 있다.

속성Attribute
항목에 연결된 단일 필드이다. 예를 들어 '회원 이름'이다.

10.3 Amazon DynamoDB의 기본 키

DynamoDB에서 기본 키^{Primary Key}는 필수이다. 테이블을 생성할 때 지정되며 NULL 은 불가능하다.

- 간단한 기본 키^{Simple Primary Key}: 간단한 기본 키는 파티션^{Partition} 키라고도 한다. Dy-namoDB는 간단한 기본 키(파티션 키) 값을 사용하여 테이블 항목을 구분한다.
- 복합 기본 키 ^{Composite Primary Key}: 복합 기본 키^{Composite Primary Key}는 간단한 기본 키에 정렬^{Sort}을 추가한 것이다.

10.4 Amazon DynamoDB 보조 인덱스(Secondary Index)

- 보조 인덱스는 기본 키의 도움 여부에 관계없이 데이터를 쿼리할 수 있는 특성으로 이해할 수 있다.
- DynamoDB에는 이러한 추가 액세스를 진행하는 데 도움이 되는 보조 인덱스가 존재한다.
- Global Secondary Index(GSI)와 Local Secondary Index(LSI) 가 존재하며, 필요에 따라 Global/Local 보조 인덱스를 사용한다.

GSI와 LSI의 차이점에 대해서는 URL을 참고하자.
(https://docs.aws.amazon.com/ko_kr/amazondynamodb/latest/developerguide/SecondaryIndexes.html)

10.5 Amazon DynamoDB 스트림(DynamoDB Streams)

- DynamoDB는 추가 옵션으로 데이터 수정 이벤트를 추적할 수 있다.

- DynamoDB에서 각 이벤트는 스트림 레코드로 표시되며 이 추가 옵션 서비스가 활성화되면 신규/업데이트/삭제 시 새 이벤트가 표시된다.

10.6 Amazon DynamoDB의 특징

1. 주문형 용량 모드On-demand capacity mode: 주문형 서비스를 사용하는 응용 프로그램인 DynamoDB는 트래픽을 수용하기 위해 자동으로 확장/축소된다.
2. ACID 트랜잭션에 대한 기본 제공 지원Built-in support for ACID transactions: Native와 Server-side에 트랜잭션을 지원한다.
3. 주문형 백업On-demand backup: 지정된 시간에 작업의 전체 백업을 만들 수 있다.
4. 시점 복구Point-in-time recovery: 실수로 읽기/쓰기 작업의 경우에 데이터를 보호하는 데 도움이 된다.
5. 미사용 암호화Encryption at rest: 테이블이 사용되지 않는 경우에도 데이터를 암호화된 방식으로 유지하며, 암호화 키를 통해 보안이 강화된다.

10.7 Amazon DynamoDB API

제어 영역Control Plane: 제어 영역은 DynamoDB의 테이블 만들기 및 관리 테이블을 담당하는 작업이다.
CreateTable: 새 테이블을 만든다.
DescribeTable: 테이블에 대한 정보를 담는다.
ListTable: 목록의 모든 테이블 이름을 반환한다.

데이터 제어Data Plane: 데이터 제어는 CRUD 작업을 수행한다.
- 데이터 만들기

1) PutItem: 기본 키를 사용하여 테이블에 단일 데이터 항목을 사용할 수 있다.

2) BatchWriteItem : PutItem의 확장된 기능이며, 최대 25개의 항목을 쓸 수 있다.

- 데이터 읽기

1) Getitem: 기본 키로 테이블에서 단일 항목을 검색한다.

2) BatchgetItem: Getitem의 확장된 기능이며, 여러 테이블에서 최대 100개의 항목을 검색할 수 있다.

3) Query: 파티션 키를 이용하여 항목을 검색하는 명령어이다.

4) Scan: Query와 유사한 방식으로 작동하지만 파티션 키가 필요하지 않다.

- 데이터 업데이트

1) UpdateItem : 기본 키를 이용하여 테이블의 단일 데이터 혹은 여러 데이터 항목을 수정한다.

- 데이터 삭제

1) DeleteItem: 기본 키를 이용하여 테이블의 단일 항목을 삭제한다.

2) BatchWriteItem: DeleteItem의 확장된 기능이며, 최대 25개의 항목을 삭제할 수 있다.

10.8 Amazon RDS

Amazon RDS^{Relational Database Service}는 클라우드에서 관계형 데이터베이스를 보다 쉽게 설정하고 운영 및 확장할 수 있는 서비스이다. Amazon RDS는 데이터베이스가 아니고 데이터베이스를 관리하는 서비스이다.

10.9 Amazon RDS Database 종류

관리할 수 있는 데이터 베이스는 6가지이다.

Amazon Aurora	MySQL	PostgreSQL
SQL Server	ORACLE	MariaDB

AWS Database Migration Service를 사용하여 기존 데이터베이스를 Amazon RDS로 마이그레이션이 가능하다. Amazon RDS가 지원하는 DB 엔진이 기존의 관계형 데이터베이스이므로 새로운 쿼리 언어를 학습하지 않아도 된다. 시스템의 상태 모니터링, 정기적인 백업 등 이러한 작업들을 RDS에서 관리한다. Amazon Aurora 는 MySQL 및 PostgreSQL과 호환되는 완전 관리형 데이터베이스 엔진이다.

10.10 Amazon RDS의 구성

10.10.1 DB 인스턴스

- Amazon RDS의 빌딩블록Building Block이다. 클라우드의 격리된 데이터베이스 환경으로 사용자가 만든 여러 개의 데이터베이스를 포함할 수 있으며, 독립실행형 데이터

베이스 인스턴스에서 사용하는 것과 동일한 도구 및 응용프로그램을 사용하여 액세스할 수 있다.

- DB 인스턴스는 AWS 관리 콘솔, Amazon RDS API 또는 AWS CLI를 이용하여 만들 수 있다.
- DB 인스턴스의 계산 및 메모리 용량은 DB 인스턴스 클래스에 따라 다르며, 각 인스턴스에 대해 5GB에서 6TB까지 스토리지 용량을 선택할 수 있다.

인스턴스에는 3가지 유형이 있다.
- Standard Instances (m4, m3)
- Memory Optimized(r3)
- Micro Instances(t2)

10.10.2 Region 및 가용영역

- DB 인스턴스를 여러 가용 존(AZ)에 배포할 수 있다. 이는 하나의 가용 존(AZ)이 다운될 경우, 전환할 수 있는 가용 존(AZ)이 있는 경우에 장애를 즉시 조치한다.

10.10.3 보안 그룹

- 보안 그룹은 DB 인스턴스에 대한 액세스 권한을 부여하려는 IP 주소 범위 또는 EC2 인스턴스를 지정하여 제어한다.

VPC 보안 그룹: VPC 내부에 있는 DB 인스턴스를 제어한다.

EC2 보안 그룹: EC2 인스턴스에 대한 액세스를 제어하며 DB 인스턴스와 함께 사용할 수 있다.

DB 보안 그룹: VPC에 없는 DB 인스턴스를 제어한다.

10.10.4 DB 매개변수 그룹

동일한 인스턴스 유형의 하나 이상의 DB 인스턴스에 적용할 수 있는 엔진 구성 값이
포함된다. 인스턴스 DB 매개변수 그룹을 적용하지 않으면 기본 값이 있는 기본 매개
변수 그룹이 할당된다.

10.10.5 DB 옵션 그룹

- 일부 DB엔진에 대하여 데이터베이스 관리를 간소화하는 도구를 제공한다.

10.11 Amazon RDS의 특징

- 일반적으로 데이터베이스 서비스, CPU, 메모리, 스토리지, IOs가 함께 번들로 제공
  된다.
- 서버를 관리하고 최신 소프트웨어 구성으로 업데이트하고 백업을 수행하며 모든 것
  이 자동으로 진행된다.
- 멀티 가용 존Multi-AZ을 사용하면 업데이트 진행 시 대기 인스턴스가 먼저 업데이트 되
  고 기본 인스턴스로 변경된다. (기존의 기본 인스턴스가 대기 인스턴스로 변경되어 중지시
  간이 발생하지 않는다.)
- 단일 가용 존을 사용하면 중지시간이 발생한다.
- 자동화된 백업은 백업을 수행할 시간을 설정하거나, DB 스냅샷을 이용하여 수동으
  로 DB를 백업할 때 원하는 만큼 자주 스냅샷을 만들 수 있다.
- 장애 조치failover에 대한 보조 인스턴스가 자동으로 생성되므로 고가용성을 제공한다.
- 읽기 복제본 즉, 스냅샷이 원본 DB에서 생성되고 원본 데이터베이스에 대한 모든 읽
  기 트래픽이 읽기 복제본 간에 분산되어 원본 DB의 전체 오버헤드를 줄인다.
- IAM과 통합하여 해당 데이터베이스에서 작업할 사용자에게 사용자 지정 액세스를
  제공할 수 있다.

## CHAPTER 11

통합관리

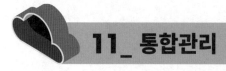

11_ 통합관리

11.1 AWS CloudFormation

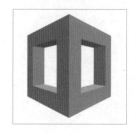

[그림 11-1] AWS CloudFormation

AWS에서는 AWS CloudFormation을 사용하면 인프라환경/애플리케이션 리소스를 모델링 하고 프로비저닝 할 수 있다. AWS CloudFormation은 코드로 관리할 수 있는데 AWS 리소스를 JSON 또는 YAML 형식의 텍스트 파일로 작성하면 자동으로 생성하는 인프라 형상관리를 제공해준다.

AWS CloudFormation에서는 템플릿, 스택, 변경 세트라는 개념이 있다.

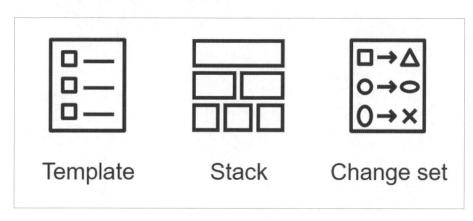

[그림 11-2] AWS CloudFormation의 세 가지 개념

템플릿: 템플릿은 JSON, YAML 형식의 텍스트 파일이다. .template 또는 .txt도 저장할 수 있다. 템플릿을 이용하여 AWS 리소스 구축을 위한 블루 프린트로 사용한다. 템플릿 파일은 S3 버킷을 이용한다.

스택: AWS CloudFormation은 스택이라는 하나의 단위로 리소스를 관리한다. 스택의 모든 리소스는 스택의 템플릿으로 정의한다. 스택을 생성할 때 파라미터를 추가할 수 있다.

변경 세트: 스택에서 실행 중인 리소스를 변경할 때 스택을 업데이트해야 한다. 이때 리소스를 변경하기 전에 변경 내용을 변경 세트로 생성할 수 있다. 변경 세트를 사용하면 변경할 때 실행 중인 리소스에 미치는 영향을 확인할 수 있다.

AWS CloudFormation을 이용하여 직접 Lambda 함수를 만들어본다. AWS CloudFormation은 Python 3.7버전까지 생성할 수 있다. (2020년 6월 기준)

```
AWSTemplateFormatVersion: 2010-09-09
Description: >-
  Lambda Test
Resources:
  AWS CloudFormationLambdaFunction:
    Type: 'AWS::Lambda::Function'
    Properties:
      Code:
        ZipFile: !Join
          - |+
          - - import json
            - 'def lambda_handler(event,context):'
            - '    return ''Lambda Test'''
      Handler: index.lambda_handler
      Role: !GetAtt LambdaIAMRole.Arn
      Runtime: python3.7
```

```yaml
        Timeout: 5

  LambdaIAMRole:
    Type: 'AWS::IAM::Role'
    Properties:
      AssumeRolePolicyDocument:
        Version: 2012-10-17
        Statement:
          - Effect: Allow
            Principal:
              Service:
                - lambda.amazonaws.com
            Action:
              - 'sts:AssumeRole'
      Path: /
```

YAML 파일을 준비하고 AWS CloudFormation 콘솔(http://console.aws.amazon.
com/AWS CloudFormation)로 접속한다. 좌측 메뉴의 '스택' 메뉴에서 '스택 생성'을 진
행한다.

스택을 생성하는 과정은 총 4단계이다.
- 1단계 템플릿 지정
- 2단계 스택 세부 정보 지정
- 3단계 스택 옵션 구성
- 4단계 검토

[그림 11-3] 스택 생성 1단계

AWS CloudFormation은 Amazon S3를 이용한다. 미리 S3에 올려 두고 사용해도 되고, 파일 업로드를 직접 진행해도 된다. 파일 업로드를 직접 하여도 S3로 업로드된다.

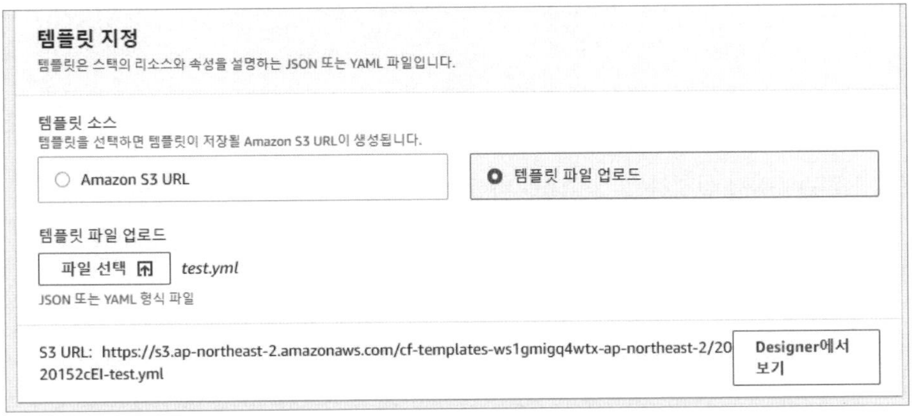

템플릿 지정
템플릿은 스택의 리소스와 속성을 설명하는 JSON 또는 YAML 파일입니다.

템플릿 소스
템플릿을 선택하면 템플릿이 저장될 Amazon S3 URL이 생성됩니다.

○ Amazon S3 URL   ● 템플릿 파일 업로드

템플릿 파일 업로드
파일 선택   test.yml
JSON 또는 YAML 형식 파일

S3 URL: https://s3.ap-northeast-2.amazonaws.com/cf-templates-ws1gmigq4wtx-ap-northeast-2/20   Designer에서
20152cEl-test.yml   보기

[그림 11-4] 스택 생성 1단계 - 템플릿 파일 업로드

테스트파일을 업로드 하면 'Designer에서 보기' 버튼이 활성화된다. 버튼을 클릭하면 Lambda 함수를 생성하고 그에 맞는 IAM Role을 생성하는 것을 확인할 수 있다. 상단의 구름모양 아이콘(스택 생성)을 클릭하여 빠져나온다.

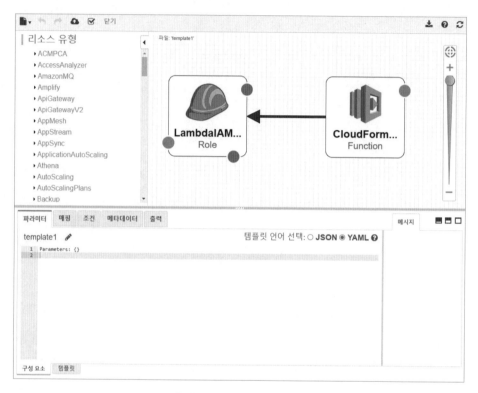

[그림 11-5] 디자이너에서 보기

2단계 스택 세부 정보 지정 단계에서는 스택 이름과 파라미터를 설정한다. 파라미터는 템플릿에 직접 설정하는 것인데 준비한 예제에는 파라미터를 넣지 않았다.

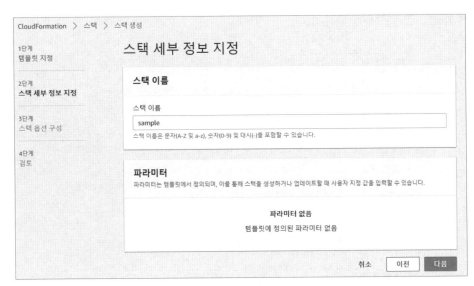

[그림 11-6] 스택 생성 2단계

3단계 스택 옵션 구성에서는 태그를 넣을 수 있다. AWS 서비스들은 태그로 관리하면 용이하다. 필요에 따라 태그를 입력하여 관리한다.

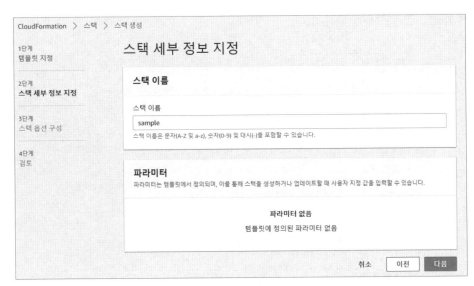

[그림 11-7] 스택 생성 3단계

추가로 고급 옵션을 넣을 수 있다.

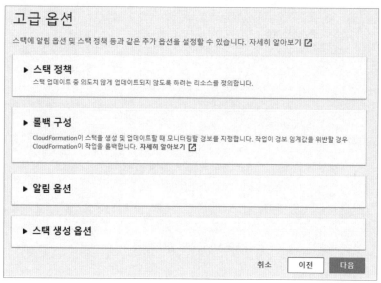

[그림 11-8] 스택 생성 3단계 - 고급 옵션

4단계에서는 검토를 진행한다. 검토사항에는 1~3단계에 설정한 내용들이 모두 나열된다. 필요에 따라 편집을 진행한다. 템플릿에서 Role 생성 내용이 있다면 가장 하단에 Role 생성을 위한 승인 여부를 확인한다.

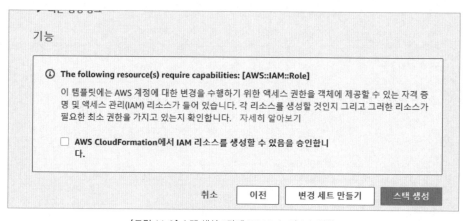

[그림 11-9] 스택 생성 4단계 IAM Role 리소스 권한

'변경 세트 만들기'를 이용하면 스택이 정상적으로 생성이 되는지 미리 확인할 수 있다. 스택 생성을 곧바로 진행하기보다 '변경 세트 만들기'를 이용하여 최종 검토를 진행한다.

[그림 11-10] 변경 세트

변경 세트를 확인했다면 '실행' 버튼을 클릭하여 Lambda 함수와 Role을 생성한다.

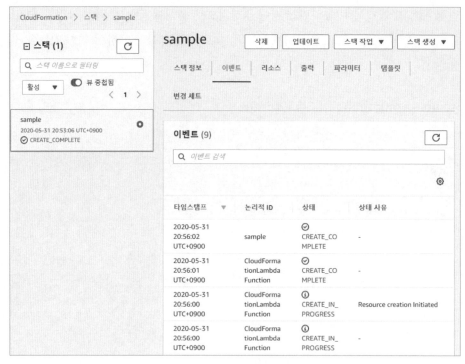

[그림 11-11] 스택 생성 이벤트

이벤트 탭에 타임 스탬프를 통해서 현재 생성 단계를 확인할 수 있으며, 새로 고침이 가능하다. 생성이 완료되면 AWS Lambda 콘솔에서 생성된 Lambda를 확인한다.

[그림 11-12] Lambda 함수 확인

서버리스 프레임워크, AWS SAM과 같은 배포 프레임워크 서비스들은 CloudFormation을 기초로 만들어진 서비스이다. 그런데 어째서 이런 모듈화된 서비스가 생겨난 걸까?

AWS CloudFormation의 장점은 AWS 서비스가 변경되는 것에 가장 빠르게 지원된다. 특정 서비스에 신규 릴리즈 된 서비스 설정이 있다면 이는 AWS CloudFormation에서 가장 먼저 지원해주고 다른 모듈은 릴리즈 내역 기반으로 업데이트를 진행한다. 현재 AWS CloudFormation의 단점인 복잡한 스크립트를 보다 편리하게 만든 것이 다른 모듈들의 장점이다. 다음 장부터 설명하는 서버리스 프레임워크나 AWS SAM, AWS CDK 등이 있다.

(비슷한 관점으로 JavaScript와 jQuery를 예시로 이해하면 된다.)

11.2 Serverless Framework

[그림 11-13] Serverless Framework

Serverless Framework는 AWS CloudFormation을 기반으로 한 오픈소스이다. Serverless Framework에서 YML 파일에 정의한 내용을 중심으로 AWS CloudFormation으로 생성한다. AWS CloudFormation보다 조금 더 직관적인 설정으로 쉽게 구성한다. 서버리스 프레임워크를 시작하기 전에 Node.js와 npm이 설치되어 있어야 한다.

https://nodejs.org/en/ 에 접속하여 Node.js를 LTS 버전으로 설치한다.

시작버튼을 클릭하면 Node.js command prompt를 확인할 수 있다.

[그림 11-14] Node.js 사이트

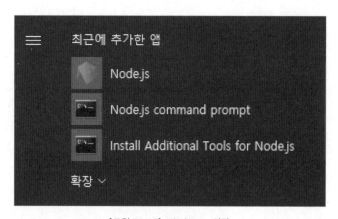

[그림 11-15] Windows - 시작

Node.js command prompt를 실행시켜 'node -v'를 입력하고 버전을 확인한다. 그리고 'npm -v'를 입력하여 npm의 버전도 확인한다.

```
C:\Users\ admin>node -v
v12.17.0

C:\Users\admin>npm -v
6.14.4
```

정상 설치를 확인했다면 serverless framework를 다운로드한다. 이때 명령어는 'npm install -g serverless'이다. 그리고 설치가 완료되면 'sls –version'를 입력하여 버전을 체크한다.

(serverless –version으로 입력해도 되고 sls –version으로 입력해도 된다.)

```
C:\Users\admin>npm install -g serverless
npm WARN deprecated request@2.88.2: request has been deprecated,
see https://github.com/request/request/issues/3142
npm WARN deprecated @types/chalk@2.2.0: This is a stub types
definition for chalk (https://github.com/chalk/chalk). chalk provides its
own type definitions, so you don't need @types/chalk installed!
npm WARN deprecated buffer@4.9.1: This version of 'buffer' is out-of-
date. You must update to v4.9.2 or newer

(생략…)
+ serverless@1.71.3
added 850 packages from 538 contributors in 30.365s
```

```
C:\Users\admin>sls –version
Framework Core: 1.71.3
Plugin: 3.6.12
SDK: 2.3.1
Components: 2.30.12
```

이제 Serverless framework에 AWS 계정을 동기화 시켜야 한다. 이전에 생성한 사용자의 액세스 키 ID를 확인한다.

혹시 키를 잊었다면 'IAM 〉 사용자 〉 사용자 계정 클릭 〉 액세스 키'로 접근하여 이전에 할당받은 키 값을 비활성화하고 신규 생성을 하고 진행한다.

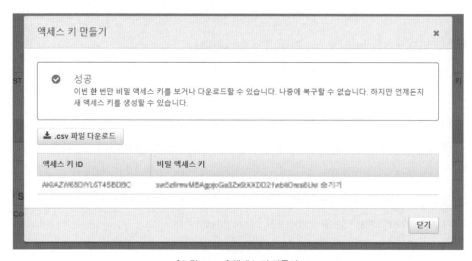

[그림 11-16] 액세스 키 만들기

메모장을 열어 'serverless config credentials –provider aws –key 액세스 키 ID –secret 비밀 액세스 키'를 입력하고 복사한다. 복사한 텍스트를 실행 중인 Node.js command prompt에 붙여 넣는다.

(AWS CLI를 설치하지 않았다면 AWS CLI를 설치한다.)

```
C:\Users\admin>serverless config credentials --provider aws --key
AKI*************** -- secret sw5*******************************************
*********
Serverless: Setting up AWS...
Serverless: Saving your AWS profile in "~/.aws/credentials"...
Serverless: Success! Your AWS access keys were stored under the
"default" profile.
```

c드라이브에 'serverless'라는 폴더를 신규 생성하고 커맨드창의 경로를 신규 생성한 폴더로 맞춘다. 그리고 'sls create -t aws-python3 -p hello-serverless'를 입력하여 신규 생성을 진행한다.

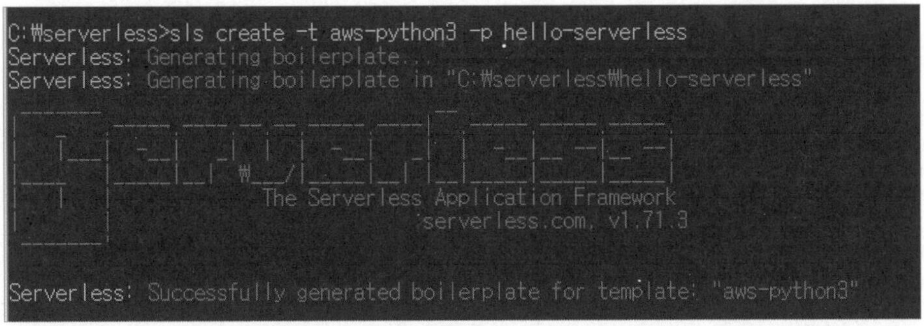

[그림 11-17] Serverless Framework로 Python 템플릿 생성

Aws-python3의 템플릿이 생성되었다. 신규 생성한 'serverless' 폴더를 확인하면 신규 파일을 확인할 수 있다. Visual Studio Code를 이용하여 'serverless' 폴더를 열고 handler.py와 serverless.yml 파일을 확인한다.

```
탐색기                          handler.py ×    ! serverless.yml
∨ 열러 있는 편집기               hello-serverless  >    handler.py  >  ...
  ×  handler.py  hello-serverless      1    import json
     ! serverless.yml  hello-serverless      2
∨ SERVERLESS                           3
  ∨ hello-serverless          ⊕        4    def hello(event, context):
       .gitignore                      5        body = {
       handler.py            1        6            "message": "Go Serverless v1.0! Your function executed successfully!",
     ! serverless.yml                  7            "input": event
                                       8        }
                                       9
                                      10        response = {
                                      11            "statusCode": 200,
                                      12            "body": json.dumps(body)
                                      13        }
                                      14
                                      15        return response
                                      16
                                      17        # Use this code if you don't use the http event with the LAMBDA-PROXY
                                      18        # integration
                                      19        """
                                      20        return {
                                      21            "message": "Go Serverless v1.0! Your function executed successfully!",
                                      22            "event": event
                                      23        }
                                      24        """
                                      25
```

[그림 11-18] handler.py

YML 파일의 내용을 보면 주석이 많은데, 주석을 제거하고 보면 확실하게 AWS CloudFormation보다 간결한 구조라는 것을 확인할 수 있다.

```
service: hello-serverless
provider:
  name: aws
  runtime: python3.8
functions:
  hello:
    handler: handler.hello
```

생성한 폴더 경로로 들어가서 로컬 상태에서 invoke를 진행한다.

'sls invoke local –function hello'를 입력한다.

```
C:\serverless\hello-serverless>sls invoke local --function hello
{
    "statusCode": 200,
     "body": "{\"message\": \"Go Serverless v1.0! Your function
executed successfully!\", \"input\": {}}"
}
```

YML 파일을 수정(region, stage, events 추가)하고 배포를 진행한다.

```
service: hello-serverless

provider:
  name: aws
  runtime: python3.8
  stage: dev
  region: ap-northeast-2

functions:
  hello:
    handler: handler.hello
    events:
      - http:
          path: hello
          method: get
```

배포를 진행하기 위해 'sls deploy'를 입력한다.

```
C:\serverless\hello-serverless>sls deploy
Serverless: Packaging service...
Serverless: Excluding development dependencies...
Serverless: Uploading AWS CloudFormation file to S3...
Serverless: Uploading artifacts...
Serverless: Uploading service hello-serverless.zip file to S3 (856
B)...
Serverless: Validating template...
Serverless: Updating Stack...
Serverless: Checking Stack update progress...
..............
Serverless: Stack update finished...
Service Information
service: hello-serverless
stage: dev
region: ap-northeast-2
stack: hello-serverless-dev
resources: 11
api keys:
  None
endpoints:
  GET - https://24jh2mb49c.execute-api.ap-northeast-2.amazonaws.
com/dev/hello
functions:
  hello: hello-serverless-dev-hello
layers:
  None
Serverless: Run the "serverless" command to setup monitoring,
troubleshooting and testing.
```

배포를 진행하면 엔드 포인트가 생성된다. 이제 AWS 콘솔로 접속해서 실제 Lambda 함수가 잘 생성되었는지 확인해본다.

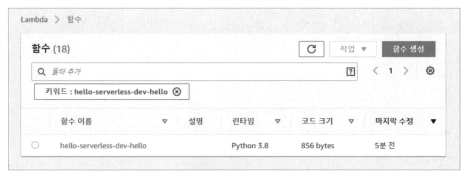

[그림 11-19] Lambda 함수 확인

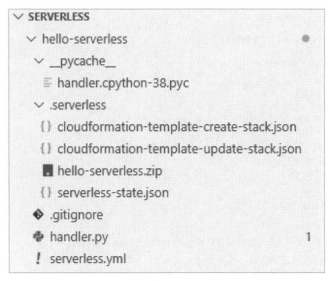

[그림 11-20] Serverless Framework로 생성한 Lambda 함수 폴더 트리

Serverless Framework는 AWS CloudFormation을 기반으로 동작한다고 했다. 로컬에 폴더 경로에서 AWS CloudFormation 파일을 확인한다.

AWS CloudFormation-template-create-stack.json 파일은 배포하기 전에 생성되고, AWS CloudFormation-template-update-stack.json 파일은 배포 후에 생성된다. AWS CloudFormation-template-update-stack.json 파일을 열어서 json 코드를 확인하면 꽤나 복잡한 AWS CloudFormation에 입력되는 내용을 확인할 수 있다.

```
hello-serverless > .serverless > {} cloudformation-template-update-stack.json > ...
301        }
302      },
303      "HelloLambdaFunctionQualifiedArn": {
304        "Description": "Current Lambda function version",
305        "Value": {
306          "Ref": "HelloLambdaVersionvdIx5z4ED8N2a2dRceZDBG5dIKhZ3fUDVRETQkJaI"
307        }
308      },
309      "ServiceEndpoint": {
310        "Description": "URL of the service endpoint",
311        "Value": {
312          "Fn::Join": [
313            "",
314            [
315              "https://",
316              {
317                "Ref": "ApiGatewayRestApi"
318              },
319              ".execute-api.",
320              {
321                "Ref": "AWS::Region"
322              },
323              ".",
324              {
325                "Ref": "AWS::URLSuffix"
326              },
327              "/dev"
328            ]
329          ]
330        }
331      }
332    }
333 }
```

[그림 11-21] AWS CloudFormation 소스 코드

Serverless는 AWS CLI를 이용하여 배포를 진행하고 롤백, 삭제 등 많은 명령을 수행할 수 있다. 자세한 내용은 Serverless Framework AWS CLI reference를 확인하자. Serverless Framework AWS CLI reference URL -https://www.serverless. com/framework/docs/providers/aws/cli-reference/

11.3 AWS SAM(Serverless Application Model)

[그림 11-22] AWS SAM

AWS SAM^{Serverless Application Model}이란 AWS에서 서버리스 애플리케이션을 구축할 때 사용하는 오픈소스 프레임워크이다. YAML 템플릿에 정의한 내용을 기반으로 AWS CloudFormation 코드를 자동 생성하고 이를 이용하여 서비스 배포를 수행한다. AWS SAM을 이용하기 위해서는 AWS SAM CLI를 설치해야 한다.

'pip3 install -user aws-sam-cli'를 입력하면 설치된다.

C:\>pip3 install –user aws-sam-cli

Collecting aws-sam-cli

　Downloading https://files.pythonhosted.org/packages/62/35/5f2f9

a9b9a71e5720c8c678d4019ad1c781a3ccd14adddbb215c308aa449/

aws_sam_cli-0.52.0-py3-none-any.whl (443kB)

　|■■■■■■■■■■■■■■■■■■■■■■■■■■■■■| 450kB 364kB/s

(생략…)

Successfully installed Flask-1.0.4 MarkupSafe-1.1.1 PyYAML-5.3.1

Werkzeug-1.0.1 arrow-0.15.6 attrs-19.3.0 aws-lambda-builders-0.9.0

aws-sam-cli-0.52.0 aws-sam-translator-1.24.0 binaryornot-0.4.4 boto3-

---

1.13.21 botocore-1.16.21 chardet-3.0.4 chevron-0.13.1 click-7.1.2
cookiecutter-1.6.0 dateparser-0.7.4 docker-4.2.1 docutils-0.15.2
future-0.18.2 idna-2.9 itsdangerous-1.1.0 jinja2-2.11.2 jinja2-time-0.2.0
jmespath-0.9.5 jsonschema-3.2.0 poyo-0.5.0 pypiwin32-223
pyrsistent-0.16.0 python-dateutil-2.8.0 pytz-2020.1 pywin32-227
regex-2020.5.14 requests-2.23.0 s3transfer-0.3.3 serverlessrepo-0.1.9
tomlkit-0.5.8 tzlocal-2.1 urllib3-1.25.9 websocket-client-0.57.0
wheel-0.34.2 whichcraft-0.6.1

64비트로 진행하려면 SAM Github에서 다운로드한다.

SAM Github - https://github.com/awslabs/serverless-application-model

다운로드 URL - https://docs.aws.amazon.com/serverless-application-model/
latest/developerguide/serverless-sam-cli-install-windows.html

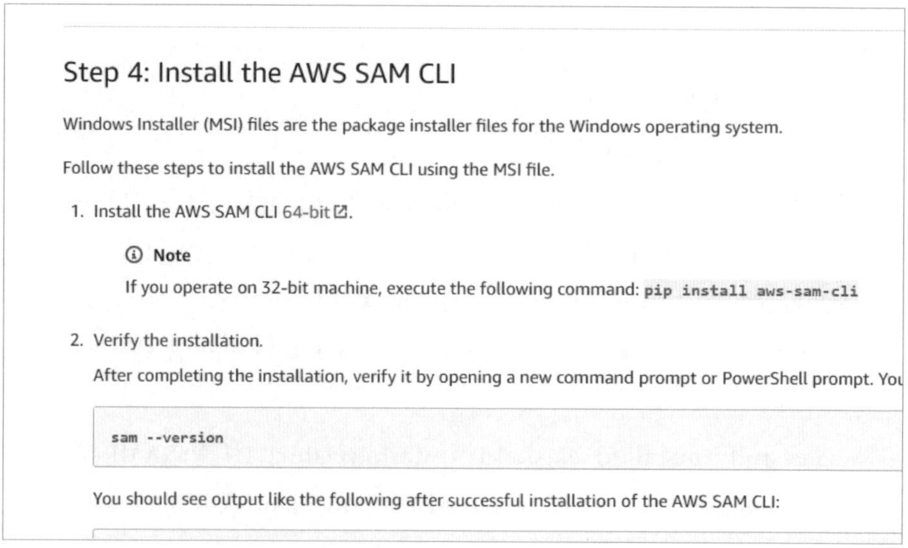

Step 4: Install the AWS SAM CLI

Windows Installer (MSI) files are the package installer files for the Windows operating system.

Follow these steps to install the AWS SAM CLI using the MSI file.

1. Install the AWS SAM CLI 64-bit ☑.

   ⓘ **Note**

   If you operate on 32-bit machine, execute the following command: `pip install aws-sam-cli`

2. Verify the installation.

   After completing the installation, verify it by opening a new command prompt or PowerShell prompt. You

   ```
   sam --version
   ```

   You should see output like the following after successful installation of the AWS SAM CLI:

[그림 11-23] AWS Document - AWS SAM CLI 다운로드

SAM을 설치했다면 정상적으로 설치가 되었는지 확인한다. sam –version을 입력한다.

SAM을 이용하기 위해서는 Git이 설치되어 있어야 한다. Git이 설치되지 않았다면 Git을 설치한다.

```
C:\serverless>sam --version
SAM CLI, version 0.52.0
```

SAM으로 프로젝트를 생성해보자.

명령어는 'sam init –name "프로젝트 명" –runtime python3.8'이다.

'AWS Quick Start Templates'과 'Custom Template Location' 중에 선택하라는 항목이 나오는데 이때 우리는 'AWS Quick Start Templates'로 진행한다. 그 다음으로 어떤 Quick Start application templates를 선택하는 항목이 나온다. 1번 Hello World Example을 선택한다.

```
C:\serverless>sam init --name "sam_test" --runtime python3.8
Which template source would you like to use?
        1 - AWS Quick Start Templates
        2 - Custom Template Location
Choice: 1


Cloning app templates from https://github.com/awslabs/aws-sam-
cli-app-templates.git

AWS quick start application templates:
```

```
        1 - Hello World Example
        2 - EventBridge Hello World
        3 - EventBridge App from scratch (100+ Event Schemas)
        4 - Step Functions Sample App (Stock Trader)
Template selection: 1


-----------------------
Generating application:
-----------------------

Name: sam_test
Runtime: python3.8
Dependency Manager: pip
Application Template: hello-world
Output Directory: .

Next steps can be found in the README file at ./sam_test/README.
md
```

이제 경로를 보면 sam_test가 생성된 것을 확인할 수 있다. 그리고 AWS SAM은 Docker가 필요하기 때문에 Docker를 준비한다. (Docker는 Linux containers로 준비한다.)

template.yaml 파일을 확인해본다.

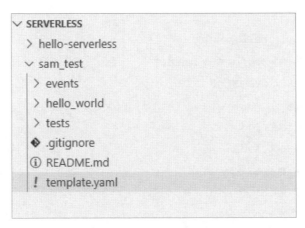

[그림 11-24] 생성한 템플릿 구조

주석을 지우고 확인하면 AWS SAM 역시 Serverless Framework와 마찬가지로 AWS CloudFormation보다 간결한 형태임을 확인할 수 있다.

```yaml
AWSTemplateFormatVersion: '2010-09-09'
Transform: AWS::Serverless-2016-10-31
Description: >
  sam_test

  Sample SAM Template for sam_test

Globals:
  Function:
    Timeout: 3

Resources:
  HelloWorldFunction:
    Type: AWS::Serverless::Function
    Properties:
```

```
      CodeUri: hello_world/
      Handler: app.lambda_handler
      Runtime: python3.8
      Events:
        HelloWorld:
          Type: Api
          Properties:
            Path: /hello
            Method: get

Outputs:
  HelloWorldApi:
    Description: "API Gateway endpoint URL for Prod stage for
Hello World function"
    Value: !Sub "https://${ServerlessRestApi}.execute-
api.${AWS::Region}.amazonaws.com/Prod/hello/"
  HelloWorldFunction:
    Description: "Hello World Lambda Function ARN"
    Value: !GetAtt HelloWorldFunction.Arn
  HelloWorldFunctionIamRole:
    Description: "Implicit IAM Role created for Hello World
function"
    Value: !GetAtt HelloWorldFunctionRole.Arn
```

Hello_world/app.py를 열고 소스를 확인한다.

```
import json

# import requests
```

```python
def lambda_handler(event, context):
    """Sample pure Lambda function

    Parameters
    ----------
    event: dict, required
        API Gateway Lambda Proxy Input Format

        Event doc: https://docs.aws.amazon.com/apigateway/latest/
developerguide/set-up-lambda-proxy-integrations.html#api-gateway-
simple-proxy-for-lambda-input-format

    context: object, required
        Lambda Context runtime methods and attributes

        Context doc: https://docs.aws.amazon.com/lambda/latest/dg/
python-context-object.html

    Returns
    ------
    API Gateway Lambda Proxy Output Format: dict

        Return doc: https://docs.aws.amazon.com/apigateway/latest/
developerguide/set-up-lambda-proxy-integrations.html
    """

    # try:
    #     ip = requests.get("http://checkip.amazonaws.com/")
    # except requests.RequestException as e:
    #     # Send some context about this error to Lambda Logs
```

```
#     print(e)

#     raise e

return {
    "statusCode": 200,
    "body": json.dumps({
        "message": "hello world",
        # "location": ip.text.replace("\n", "")
    }),
}
```

SAM은 이전에 사용했던 것과 다르게 테스트부터 빌드, 패키징, 배포까지 기본 템플릿으로 제공해주기 때문에 조금 더 편하게 테스트를 진행할 수 있다. 빌드를 진행하면 requirements.txt 파일에 있는 패키지를 함께 다운로드한다.

'sam_test' 폴더로 접근해서 빌드와 로컬에서 invoke를 실행해본다.

```
C:\serverless\sam_test>sam build && sam local invoke
Building function 'HelloWorldFunction'
Running PythonPipBuilder:ResolveDependencies
Running PythonPipBuilder:CopySource

Build Succeeded

Built Artifacts  : .aws-sam\build
Built Template   : .aws-sam\build\template.yaml
```

```
Commands you can use next
=========================
[*] Invoke Function: sam local invoke
[*] Deploy: sam deploy --guided


Invoking app.lambda_handler (python3.8)


Fetching          lambci/lambda:python3.8          Docker          container
ima..................................................................
Mounting C:₩serverless₩sam_test₩.aws-sam₩build₩HelloWorld-
Function as /var/task:ro,delegated inside runtime container
[32mSTART RequestId: 5563c656-de19-1013-99e8-27cc779cb252 Ver-
sion: $LATEST[0m
[32mEND RequestId: 5563c656-de19-1013-99e8-27cc779cb252[0m
[32mREPORT RequestId: 5563c656-de19-1013-99e8-27cc779cb252
Init Duration: 116.39 ms     Duration: 2.41 ms
      Billed Duration: 100 ms Memory Size: 128 MB     Max Memory
Used: 25 MB  [0m


{"statusCode":200,"body":"{₩"message₩": ₩"hello world₩"}"}


C:₩serverless₩sam_test〉
```

빌드를 진행할 때 AWS SAM은 Docker를 사용한다. 이때 우측하단 안내창에
Docker와 Filesharing을 진행하는 안내가 나오는데 'Share it'을 누르면 Docker에
서 lambda를 사용하는 lambci라는 이미지를 내려받아 내가 생성한 프로젝트의 빌드
를 진행한다.

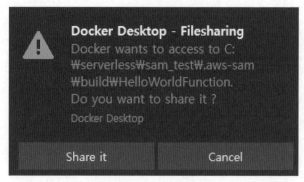

[그림 11-25] 도커 안내창

패키지를 진행하는 데 필요한 건 S3 버킷이다. S3 버킷을 하나 생성한다. 그리고 패키지를 진행한다.

명령어는 sam package –s3-bucket "버킷 명"이다.

```
C:\serverless\sam_test>sam package --s3-bucket "serverlesskim-sam-test"
Uploading to cb52a359911355f9461d26f7cc3a4e84   534650 / 534650.0  (100.00%)
AWSTemplateFormatVersion: '2010-09-09'
Transform: AWS::Serverless-2016-10-31
Description: 'sam_test


  Sample SAM Template for sam_test


  '
Globals:
  Function:
```

```yaml
    Timeout: 3
Resources:
  HelloWorldFunction:
    Type: AWS::Serverless::Function
    Properties:
      CodeUri: s3://serverlesskim-sam-test/cb52a359911355f9461d26f7
cc3a4e84
      Handler: app.lambda_handler
      Runtime: python3.8
      Events:
        HelloWorld:
          Type: Api
          Properties:
            Path: /hello
            Method: get
Outputs:
  HelloWorldApi:
    Description: API Gateway endpoint URL for Prod stage for Hello
World function
    Value:
      Fn::Sub: https://${ServerlessRestApi}.execute-api.${AWS::Region}.
amazonaws.com/Prod/hello/
  HelloWorldFunction:
    Description: Hello World Lambda Function ARN
    Value:
      Fn::GetAtt:
```

```
  - HelloWorldFunction

     - Arn

  HelloWorldFunctionIamRole:

    Description: Implicit IAM Role created for Hello World function

    Value:

     Fn::GetAtt:

     - HelloWorldFunctionRole

     - Arn




C:\serverless\sam_test>
```

패키지가 끝나고 Amazon S3 버킷을 확인하면 업로드가 된 것을 확인할 수 있다.

[그림 11-26] 생성한 Amazon S3 버킷

이제 배포만 남았다. 배포를 진행하는 것 역시 명령어로 진행하는데, AWS SAM도 마찬가지로 AWS AWS CloudFormation을 이용하여 배포를 진행한다. 그렇기 때문에 스택 이름을 지정해줘야 한다.

명령 프롬프트를 이용해서 배포할 때는 –guided를 입력해야 한다. 스택은 기존에 존재하는 것을 이용하려면 이용하던 스택 명을 사용하고 신규 생성을 하려 한다면 새로운 스택 명을 입력한다.

명령어 - sam deploy –stack-name "sam-deploy-test" –guided

몇 가지 질문을 시작하는데 스택 이름을 입력하고 리전을 입력하면 된다.

이에 따라 변경사항을 표시하고 배포를 시작할 것인가? Y

템플릿 리소스에 연결할 역할을 만드는 것에 동의하는가? Y

HelloWorldFunction에 권한이 정의되어 있지 않을 수 있는데 문제 없는가? Y

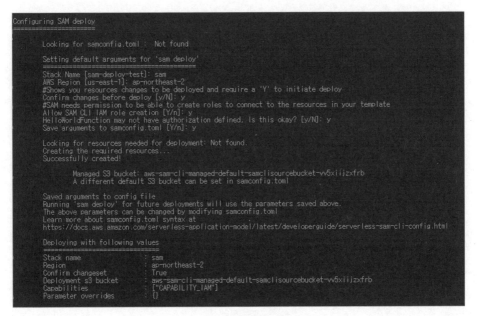

[그림 11-27] SAM의 배포 안내

이전에 생성한 AWS S3 버킷 명을 명시하지 않았다면 필요에 따라 SAM은 패키징도 신규로 진행해준다. 이때 AWS S3 버킷에 Aws-sam-cli-managed-default라는 네이밍으로 버킷이 생성된다.

변경 세트를 미리 보여주고 변경 세트를 배포할 것인지 물어본다. Y를 입력한다.

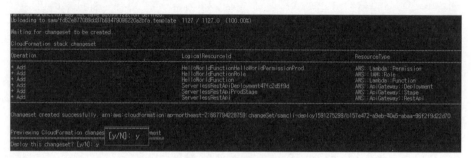

[그림 11-28] SAM의 변경 세트 안내

전체 실행 내용은 다음과 같이 확인할 수 있다.

```
C:\serverless\sam_test>sam deploy --stack-name "sam-deploy-test"
--guided

Configuring SAM deploy
======================

    Looking for samconfig.toml : Not found

    Setting default arguments for 'sam deploy'
    ==========================================
    Stack Name [sam-deploy-test]: sam
    AWS Region [us-east-1]: ap-northeast-2
```

#Shows you resources changes to be deployed and require a 'Y' to initiate deploy

Confirm changes before deploy [y/N]: y

#SAM needs permission to be able to create roles to connect to the resources in your template

Allow SAM CLI IAM role creation [Y/n]: y

HelloWorldFunction may not have authorization defined, Is this okay? [y/N]: y

Save arguments to samconfig.toml [Y/n]: y

Looking for resources needed for deployment: Not found.

Creating the required resources...

Successfully created!

Managed S3 bucket: aws-sam-cli-managed-default-samclisourcebucket-vv5xiijzxfrb

A different default S3 bucket can be set in samconfig.toml

Saved arguments to config file

Running 'sam deploy' for future deployments will use the parameters saved above.

The above parameters can be changed by modifying samconfig.toml

Learn more about samconfig.toml syntax at

https://docs.aws.amazon.com/serverless-application-model/latest/developerguide/serverless-sam-cli-config.html

Deploying with following values
=====================

    Stack name   : sam
    Region   : ap-northeast-2
    Confirm changeset   : True
      Deployment s3 bucket   : aws-sam-cli-managed-default-samclisourcebucket-vv5xiijzxfrb
    Capabilities   : ["CAPABILITY_IAM"]
    Parameter overrides   : {}

Initiating deployment
=====================

Uploading to sam/cb52a359911355f9461d26f7cc3a4e84 534650 / 534650.0 (100.00%)
HelloWorldFunction may not have authorization defined.
Uploading to sam/fd62e877089dd37b69479096220a2bfa.template 1127 / 1127.0 (100.00%)

Waiting for changeset to be created..

AWS CloudFormation stack changeset

Operation   LogicalResourceId
ResourceType

```
------------------------------------------------

+ Add
HelloWorldFunctionHelloWorldPermissionProd          AWS::Lamb-
da::Permission
+ Add                               HelloWorldFunctionRole
AWS::IAM::Role
+ Add                                HelloWorldFunction
AWS::Lambda::Function
+ Add                            ServerlessRestApiDeploy-
ment47fc2d5f9d            AWS::ApiGateway::Deployment
+ Add                          ServerlessRestApiProdStage
AWS::ApiGateway::Stage
+ Add                                  ServerlessRestApi
AWS::ApiGateway::RestApi

------------------------------------------------------

---------------------------------------


Changeset created successfully. arn:aws:AWS CloudFor-
mation:ap-northeast-2:667794228759:changeSet/samcli-de-
ploy1591275299/b157e472-a9eb-40e5-abaa-96f2f9d22d70


Previewing AWS CloudFormation changeset before deployment
=====================================================
Deploy this changeset? [y/N]: y
```

2020-06-04 21:55:40 - Waiting for stack create/update to complete

AWS CloudFormation events from changeset

ResourceStatus	ResourceType	Logi-
calResourceId	ResourceStatusReason	

CREATE_IN_PROGRESS		AWS::IAM::Role
HelloWorldFunctionRole	Resource creation Initiated	
CREATE_IN_PROGRESS		AWS::IAM::Role
HelloWorldFunctionRole	-	
CREATE_COMPLETE		AWS::IAM::Role
HelloWorldFunctionRole	-	
CREATE_IN_PROGRESS		AWS::Lambda::Function
HelloWorldFunction	-	
CREATE_COMPLETE		AWS::Lambda::Function
HelloWorldFunction	-	
CREATE_IN_PROGRESS		AWS::Lambda::Function
HelloWorldFunction	Resource creation Initiated	
CREATE_IN_PROGRESS		AWS::ApiGateway::RestApi
ServerlessRestApi	Resource creation Initiated	
CREATE_IN_PROGRESS		AWS::ApiGateway::RestApi
ServerlessRestApi	-	

```
CREATE_COMPLETE                      AWS::ApiGateway::RestApi
ServerlessRestApi        -
CREATE_IN_PROGRESS              AWS::Lambda::Permission
HelloWorldFunctionHelloWorldPermissionProd    Resource creation
Initiated
CREATE_IN_PROGRESS              AWS::Lambda::Permission
HelloWorldFunctionHelloWorldPermissionProd   -
CREATE_IN_PROGRESS              AWS::ApiGateway::Deploy-
ment          ServerlessRestApiDeployment47fc2d5f9d      -
CREATE_COMPLETE              AWS::ApiGateway::Deployment
ServerlessRestApiDeployment47fc2d5f9d     -
CREATE_IN_PROGRESS              AWS::ApiGateway::Deploy-
ment          ServerlessRestApiDeployment47fc2d5f9d       Re-
source creation Initiated
CREATE_IN_PROGRESS                   AWS::ApiGateway::Stage
ServerlessRestApiProdStage            -
CREATE_IN_PROGRESS                   AWS::ApiGateway::Stage
ServerlessRestApiProdStage          Resource creation Initiated
CREATE_COMPLETE                   AWS::ApiGateway::Stage
ServerlessRestApiProdStage            -
CREATE_COMPLETE                   AWS::Lambda::Permission
HelloWorldFunctionHelloWorldPermissionProd   -
CREATE_COMPLETE                   AWS::AWS CloudForma-
tion::Stack          sam               -
```

```
AWS CloudFormation outputs from deployed stack
_____

_____

Outputs
_____

_____

Key          HelloWorldFunctionIamRole
Description      Implicit IAM Role created for Hello World function
Value          arn:aws:iam::667794228759:role/sam-HelloWorldFunc-
tionRole-3Z4DB4GXC6AP


Key          HelloWorldApi
Description      API Gateway endpoint URL for Prod stage for Hello
World function
Value              https://fz0qg44ab4.execute-api.ap-northeast-2.ama-
zonaws.com/Prod/hello/


Key          HelloWorldFunction
Description      Hello World Lambda Function ARN
Value              arn:aws:lambda:ap-northeast-2:667794228759:func-
tion:sam-HelloWorldFunction-10Q0QXZ3M2XKN
_____

_____


Successfully created/updated stack - sam in ap-northeast-2
```

```
C:\serverless\sam_test〉
```

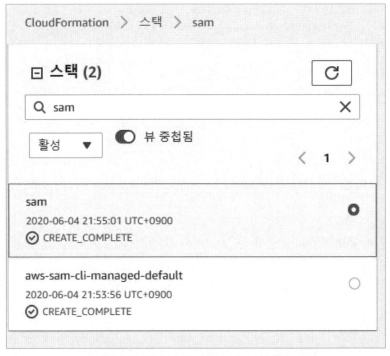

[그림 11-29] AWS CloudFormation 스택 확인

실행이 모두 진행되었다면 AWS AWS CloudFormation에 접속해서 스택을 확인한다. 총 2개의 스택이 생성된 것을 확인할 수 있다. 여기서 aws-sam-cli-managed-default는 Amazon S3에 버킷을 생성한 것이다. 이벤트 탭을 누르면 버킷 생성 과정을 볼 수 있다.

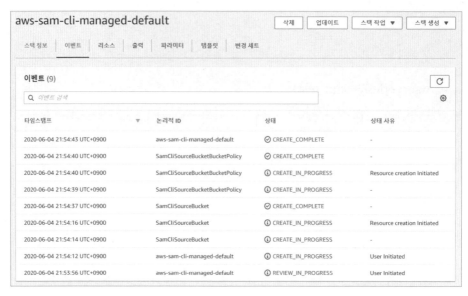

aws-sam-cli-managed-default

스택 정보 | 이벤트 | 리소스 | 출력 | 파라미터 | 템플릿 | 변경 세트

이벤트 (9)

타임스탬프	논리적 ID	상태	상태 사유
2020-06-04 21:54:43 UTC+0900	aws-sam-cli-managed-default	⊘ CREATE_COMPLETE	-
2020-06-04 21:54:40 UTC+0900	SamCliSourceBucketBucketPolicy	⊘ CREATE_COMPLETE	-
2020-06-04 21:54:40 UTC+0900	SamCliSourceBucketBucketPolicy	ⓘ CREATE_IN_PROGRESS	Resource creation Initiated
2020-06-04 21:54:39 UTC+0900	SamCliSourceBucketBucketPolicy	ⓘ CREATE_IN_PROGRESS	-
2020-06-04 21:54:37 UTC+0900	SamCliSourceBucket	⊘ CREATE_COMPLETE	-
2020-06-04 21:54:16 UTC+0900	SamCliSourceBucket	ⓘ CREATE_IN_PROGRESS	Resource creation Initiated
2020-06-04 21:54:14 UTC+0900	SamCliSourceBucket	ⓘ CREATE_IN_PROGRESS	-
2020-06-04 21:54:12 UTC+0900	aws-sam-cli-managed-default	ⓘ CREATE_IN_PROGRESS	User Initiated
2020-06-04 21:53:56 UTC+0900	aws-sam-cli-managed-default	ⓘ REVIEW_IN_PROGRESS	User Initiated

[그림 11-30] 이벤트 리스트 - 진행중

템플릿 탭을 누르면 아래와 같은 AWS CloudFormation 템플릿을 확인할 수 있다.

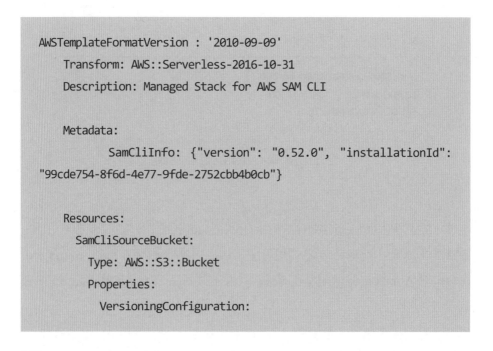

```
AWSTemplateFormatVersion : '2010-09-09'
    Transform: AWS::Serverless-2016-10-31
    Description: Managed Stack for AWS SAM CLI

    Metadata:
        SamCliInfo: {"version": "0.52.0", "installationId":
"99cde754-8f6d-4e77-9fde-2752cbb4b0cb"}

    Resources:
      SamCliSourceBucket:
        Type: AWS::S3::Bucket
        Properties:
          VersioningConfiguration:
```

```
            Status: Enabled
        Tags:
          - Key: ManagedStackSource
            Value: AwsSamCli


  SamCliSourceBucketBucketPolicy:
    Type: AWS::S3::BucketPolicy
    Properties:
      Bucket: !Ref SamCliSourceBucket
      PolicyDocument:
        Statement:
          -
            Action:
              - "s3:GetObject"
            Effect: "Allow"
            Resource:
              Fn::Join:
                - ""
                -
                  - "arn:"
                  - !Ref AWS::Partition
                  - ":s3:::"
                  - !Ref SamCliSourceBucket
                  - "/*"
            Principal:
              Service: serverlessrepo.amazonaws.com

Outputs:
  SourceBucket:
    Value: !Ref SamCliSourceBucket
```

실제로 프로젝트를 배포한 스택을 확인해보면 21개의 이벤트가 실행된 것을 확인할 수 있다.

타임스탬프	논리적 ID	상태	상태 사유
2020-06-04 21:56:27 UTC+0900	sam	CREATE_COMPLETE	-
2020-06-04 21:56:25 UTC+0900	HelloWorldFunctionHelloWorldPermissionProd	CREATE_COMPLETE	-
2020-06-04 21:56:19 UTC+0900	ServerlessRestApiProdStage	CREATE_COMPLETE	-
2020-06-04 21:56:18 UTC+0900	ServerlessRestApiProdStage	CREATE_IN_PROGRESS	Resource creation Initiated
2020-06-04 21:56:17 UTC+0900	ServerlessRestApiProdStage	CREATE_IN_PROGRESS	-
2020-06-04 21:56:16 UTC+0900	ServerlessRestApiDeployment47fc2d5f9d	CREATE_COMPLETE	-
2020-06-04 21:56:15 UTC+0900	ServerlessRestApiDeployment47fc2d5f9d	CREATE_IN_PROGRESS	Resource creation Initiated
2020-06-04 21:56:15 UTC+0900	HelloWorldFunctionHelloWorldPermissionProd	CREATE_IN_PROGRESS	Resource creation Initiated
2020-06-04 21:56:15 UTC+0900	HelloWorldFunctionHelloWorldPermissionProd	CREATE_IN_PROGRESS	-
2020-06-04 21:56:15 UTC+0900	ServerlessRestApiDeployment47fc2d5f9d	CREATE_IN_PROGRESS	-
2020-06-04 21:56:13 UTC+0900	ServerlessRestApi	CREATE_COMPLETE	-
2020-06-04 21:56:13 UTC+0900	ServerlessRestApi	CREATE_IN_PROGRESS	Resource creation Initiated
2020-06-04 21:56:12 UTC+0900	ServerlessRestApi	CREATE_IN_PROGRESS	-
2020-06-04 21:56:11 UTC+0900	HelloWorldFunction	CREATE_COMPLETE	-
2020-06-04 21:56:10 UTC+0900	HelloWorldFunction	CREATE_IN_PROGRESS	Resource creation Initiated
2020-06-04 21:56:10 UTC+0900	HelloWorldFunction	CREATE_IN_PROGRESS	-
2020-06-04 21:56:07 UTC+0900	HelloWorldFunctionRole	CREATE_COMPLETE	-
2020-06-04 21:55:45 UTC+0900	HelloWorldFunctionRole	CREATE_IN_PROGRESS	Resource creation Initiated
2020-06-04 21:55:45 UTC+0900	HelloWorldFunctionRole	CREATE_IN_PROGRESS	-
2020-06-04 21:55:42 UTC+0900	sam	CREATE_IN_PROGRESS	User Initiated
2020-06-04 21:55:01 UTC+0900	sam	REVIEW_IN_PROGRESS	User Initiated

[그림 11-31] 이벤트 리스트 - 완료

AWS Lambda 매니지먼트 콘솔에서도 람다가 정상 생성된 것을 확인할 수 있다.

[그림 11-32] Lambda 함수 생성 확인

AWS Lambda 함수의 소스코드를 확인해보면 좌측 트리 구조로 필요한 패키지들이 올라간 것을 확인할 수 있다.

[그림 11-33] Lambda 함수 소스

API Gateway 역시 잘 올라간 것을 확인할 수 있다.

[그림 11-34] Lambda 함수 - 트리거 - API Gateway

API Endpoint를 접속하면 Hello World를 확인할 수 있다.

```
{
    message: "hello world"
}
```

[그림 11-35] Endpoint 접속

AWS SAM의 CLI 정보를 보려면 가이드 문서를 참고한다.

가이드 문서 - https://docs.aws.amazon.com/serverless-application-model/latest/developerguide/serverless-sam-cli-command-reference.html

11.4 AWS CDK(Cloud Development Kit)

[그림 11-36] AWS CDK

AWS CDK^{Cloud Development Kit}이란 AWS에서 제공하는 인프라 코드 자동화^{Infrastructure as Code, IaC} 오픈소스 프레임워크이다. AWS AWS CloudFormation 기반으로 동작하며, 기존에 사용하던 프로그래밍 언어를 사용하여 클라우드 애플리케이션 리소스를 모델링하고 프로비저닝할 수 있다. AWS AWS CloudFormation으로 템플릿을 작성하는데 익숙하지 않고, AWS 서비스를 집중적으로 사용하는 경우에 자신에게 가장 편한 프로그램이 언어로써 모델링하는 편리성이 수반된다. Serverless Framework와 AWS SAM이 서버리스를 중심으로 모델링을 하는 도구이지만 AWS CDK는 AWS의 주요 서비스를 모델링 하는 방향으로 발전하고 있다.

AWS CDK는 컴파일러로 이해하면 된다. Constructs라고 하는 상위 클래스를 제공한다. Constructs는 애플리케이션 인프라를 정의하고 모든 복잡한 상용 논리를 처리하는 객체지향 CDK Application에서 통합할 수 있다. CDK 애플리케이션을 실행하면 AWS의 인프라 언어인 AWS CloudFormation 템플릿으로 컴파일된다.

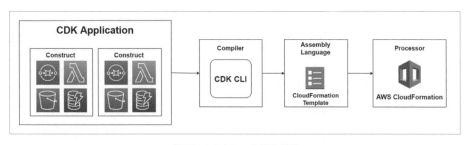

[그림 11-37] CDK의 배포 처리

AWS CDK의 구문은 AWS Constructs Library에서 제공한다. 이 라이브러리는 npm, Maven, NuGet, PyPI 등 패키지 관리자에게 게시할 수 있다. AWS AWS CloudFormation의 사양이 변경되거나 신규 기능이 추가되면 리소스 레벨의 API를 자동 생성하여 AWS Constructs Library를 최신 상태로 유지해준다.
2020년 7월에 Terraform용 CDK 프리뷰 버전이 서비스를 시작했다. 앞으로도 CDK는 많은 영역에서 활용될 것으로 예상된다.

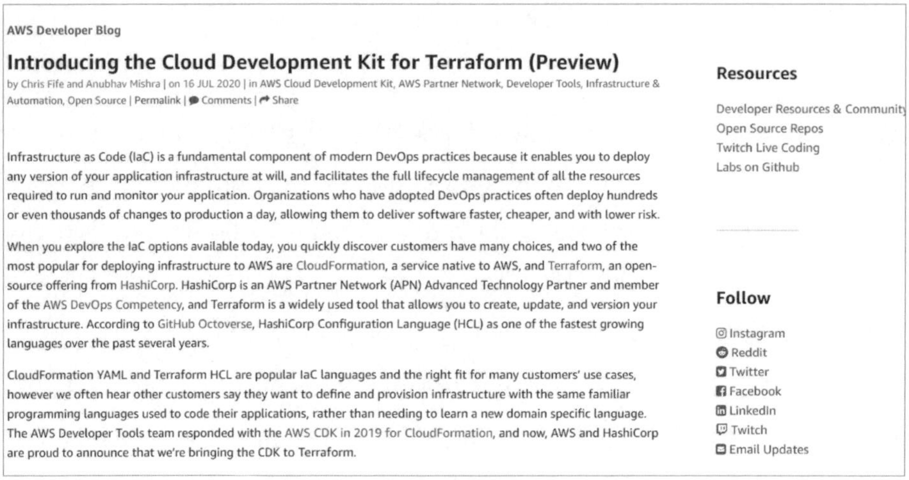
AWS Developer Blog

Introducing the Cloud Development Kit for Terraform (Preview)

by Chris Fife and Anubhav Mishra | on 16 JUL 2020 | in AWS Cloud Development Kit, AWS Partner Network, Developer Tools, Infrastructure & Automation, Open Source | Permalink | Comments | Share

Infrastructure as Code (IaC) is a fundamental component of modern DevOps practices because it enables you to deploy any version of your application infrastructure at will, and facilitates the full lifecycle management of all the resources required to run and monitor your application. Organizations who have adopted DevOps practices often deploy hundreds or even thousands of changes to production a day, allowing them to deliver software faster, cheaper, and with lower risk.

When you explore the IaC options available today, you quickly discover customers have many choices, and two of the most popular for deploying infrastructure to AWS are CloudFormation, a service native to AWS, and Terraform, an open-source offering from HashiCorp. HashiCorp is an AWS Partner Network (APN) Advanced Technology Partner and member of the AWS DevOps Competency, and Terraform is a widely used tool that allows you to create, update, and version your infrastructure. According to GitHub Octoverse, HashiCorp Configuration Language (HCL) as one of the fastest growing languages over the past several years.

CloudFormation YAML and Terraform HCL are popular IaC languages and the right fit for many customers' use cases, however we often hear other customers say they want to define and provision infrastructure with the same familiar programming languages used to code their applications, rather than needing to learn a new domain specific language. The AWS Developer Tools team responded with the AWS CDK in 2019 for CloudFormation, and now, AWS and HashiCorp are proud to announce that we're bringing the CDK to Terraform.

Resources

Developer Resources & Community
Open Source Repos
Twitch Live Coding
Labs on Github

Follow

Instagram
Reddit
Twitter
Facebook
LinkedIn
Twitch
Email Updates

[그림 11-38] AWS 블로그 - Terraform 지원 안내

https://aws.amazon.com/ko/blogs/developer/introducing-the-cloud-development-kit-for-terraform-preview/

AWS CDK GitHub - https://github.com/aws/aws-cdk

AWS에서는 AWS CDK 워크숍 사이트를 운영하고 있다. 워크숍 사이트에서는 여러 언어로 CDK를 사용하며 기본적인 예제를 진행할 수 있도록 제공하고 있다. 약 1시간에서 2시간 정도 천천히 따라 해보면 인프라 구성부터 배포까지 경험해 볼 수 있다.

AWS CDK Workshop Site - https://cdkworkshop.com/

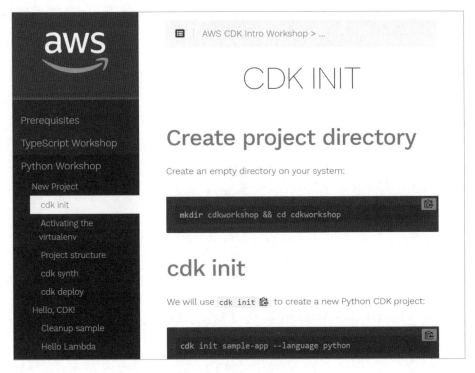

[그림 11-39] ACDK 워크숍 사이트

11.5 AWS Step Functions

[그림 11-40] AWS Step Functions

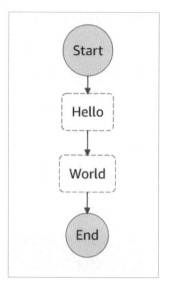

[그림 11-41] AWS Step Functions의 워크플로우 예시

AWS Step Functions을 활용하여 워크플로우를 설계/관리를 하며, 분산 트랜잭션을 구현하는 데 사용한다. Serverless는 주로 Microservices Architecture(MSA) 기반으로 구현하는데 MSA에서 가장 중요한 것 중에 하나가 트랜잭션이다. 워크플로우를 설계하는 상황이 매번 발생하고, 이를 관리할 때 AWS Step Functions를 사용하면 용이하다. 예를 들어 주문부터 결제까지 하나의 프로세스가 존재한다면 중간 중간 여러 과정을 거쳐야 한다. 어느 시점에 어느 곳에 트랜잭션을 처리할까? AWS Step Functions으로 State(상태)를 유지하고 이를 이용하면 분산 트랜잭션을 설계할 수 있다.

AWS Step Functions는 JSON 기반의 Amazon States Language로 정의한다.

```
{
    "Comment": "A Hello World example of the Amazon States Language
using Pass states",
    "StartAt": "Hello",
```

```
    "States": {
      "Hello": {
        "Type": "Pass",
        "Result": "Hello",
        "Next": "World"
      },
      "World": {
        "Type": "Pass",
        "Result": "World",
        "End": true
      }
    }
}
```

States에는 Hello와 World라는 2개의 Pass 타입의 State가 있다. Hello에서 Result 값이 'Hello'라면 다음 단계인 World로 진행한다. World에서는 Result가 'World'라면 종료한다.

이와 같이 AWS Step Functions은 단계별로 Type을 지정하고 그에 맞는 액션을 설정함으로써 사용자는 워크플로우를 보다 쉽게 설계하고 실행할 수 있는 완전관리형 서비스이다.

[그림 11-42] 상태 머신 생성

'상태 머신 생성'을 클릭하면 신규 상태 머신을 생성할 수 있는데 이때 단계는 2단계이다. 1단계는 상태 머신을 정의하고 2단계는 세부 정보를 지정하는 것이다.

1단계에서는 직접 코드를 작성하여 워크플로우를 설계하는 방법과 AWS에서 제공하는 샘플 프로젝트 그리고 템플릿으로 진행할 수 있다.

[그림 11-43] 상태 머신 정의

작동 유형은 2가지인데 Standard와 Express로 나뉜다. 생성 이후에는 유형을 변경할 수 없다. Standard는 장기 실행되고 감사 가능한 워크플로우에 적합하다. 최대 1년 동안 실행이 가능하고 Step Functions API를 사용하여 실행 내역을 검색할 수 있다. 이에 반해 Express는 최대 5분 실행이 가능하다. 그리고 Standard는 1회만 실행하며 Express는 최소 1회 실행한다.

Standard와 Express의 차이

최대 지속 시간

　Standard - 1년

Express - 5분

지원되는 실행 시작 비율

Standard - 초당 2,000회 이상

Express - 5분

지원되는 상태 전환 비율

Standard - 1회 계정에 대해 초당 4,000회 이상

Express - 거의 무제한

요금

Standard - 상태 전환당 가격 측정(상태 전환은 실행이 완료되는 단계마다 계산)

Express - 실행 횟수

실행 내역

Standard - 실행은 Step Functions API를 통해 나열 및 설명되고 콘솔을 통해 시각적으로 디버깅 할 수 있음.

상태 머신에서 로딩을 활성화하여 CloudWatch Logs에서 실행을 검사할 수 있음.

Express - 상태 머신에서 로깅을 활성화하여 CloudWatch Logs에서 실행을 검사할 수 있음.

실행 시맨틱

Standard - 워크플로우를 1회만 실행

Express - 워크플로우를 최소 1회 실행

서비스 통합

Standard - 모든 서비스 통합 및 패턴을 지원

Express - 모든 서비스 통합을 지원

작업 실행(.sync) 또는 콜백(.awaitForTaskToken) 패턴을 지원하지 않음.

Step Functions 활동

Standard - Step Functions 활동을 지원

Express - Step Function 활동을 지원하지 않음.

예제 진행을 위해 'step_a'와 'step_b'를 Lambda 함수를 생성한다. 'step_a'를 실행할 때 이벤트에 'name' 값이 'SON'이면 'Level'에 'World Class' 값으로 리턴한다. 그리고 'step_b'에서 이벤트에 'Level' 값이 'World Class'이면 'Korean'이 'SONNY!!!!'를 외치는 간단한 예제이다.

```python
import json


def lambda_handler(event, context):
    if (event["name"] == "SON"):
        return {"Level" : "World Class"}
    else:
        return {"Level" : "...???"}
```

'step_a' 소스코드

```python
import json


def lambda_handler(event, context):
    if (event["Level"] == "World Class"):
            return {"Korean": "SONNY!!!!"}
    else:
            return {"Korean": "???"}
```

'step_b' 소스코드

두 개의 Lambda 함수를 생성하고, ARN 값을 복사한다. 그리고 AWS Step Functions 생성 페이지로 진입한다.

상태 머신의 유형을 Standard로 놓고 코드를 작성한다.

[그림 11-44] 상태 머신 생성

```json
{
  "Comment": "step functions test",
  "StartAt": "Level",
  "States": {
    "Level": {
      "Type": "Task",
        "Resource":  "arn:aws:lambda:ap-northeast-
2:667794228759:function:step_a",
      "Next": "Korean"
    },
    "Korean": {
      "Type": "Task",
        "Resource":  "arn:aws:lambda:ap-northeast-
2:667794228759:function:step_b",
      "End": true
    }
  }
}
```

작성이 끝나면 그래프를 확인할 수 있다.

다음 단계로 넘어가면 세부 정보를 지정할 수 있다. 상태 머신 이름과 권한, 로깅을 설정한다. 상태 머신 이름은 'footballer'로 하고 권한은 새 역할을 생성한다. 로깅은 CloudWatch를 이용한다.

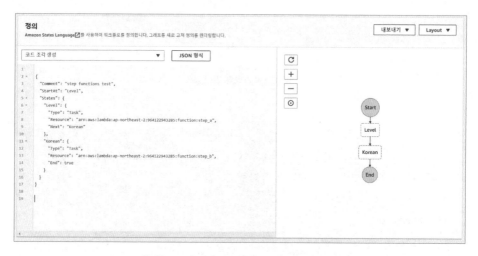

[그림 11-45] 상태 머신 정의 코드 조각 및 그래프

태그를 입력할 수 있고 권한 검토를 진행할 수 있다. 권한 검토를 눌러보면 어떤 권한들을 갖게 되는지 미리 확인할 수 있다.

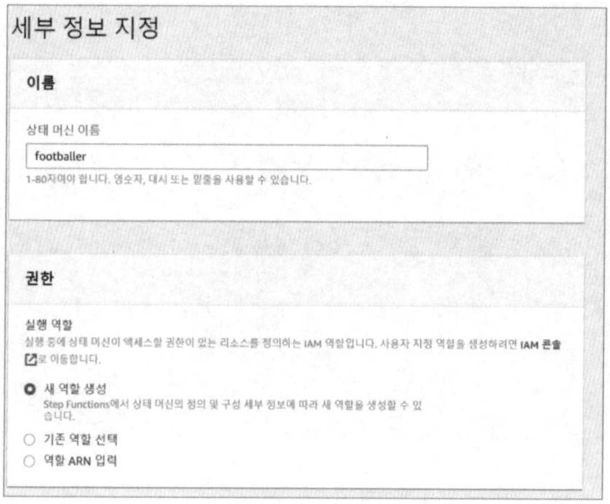

[그림 11-46] 세부 정보 지정

로깅

상태 머신의 실행 내역을 CloudWatch Logs에 로깅할 수 있습니다. Express 상태 머신의 경우 실행을 검사하고 디버깅하려면 로깅을 활성화해야 합니다. CloudWatch Logs 요금이 적용됩니다. **자세히 알아보기** ⤴

로그 수준
기록할 실행 기록 이벤트를 나타냄

ALL ▼

☑ 실행 데이터 포함
　로그 실행 입력, 상태 간에 전달된 데이터 및 실행 출력

CloudWatch 로그 그룹

새 로그 그룹 생성 ▼

/aws/states/footballer-Logs

최대 512자의 영숫자입니다. 하이픈, 밑줄, 마침표 및 슬래시를 포함할 수 있음

[그림 11-47] 로깅

ⓘ AWS Step Functions는 새 IAM 역할(**StepFunctions-footballer-role-c428f1d2**)을 생성하여 상태 머신의 정의 및 구성 세부 정보에 지정된 리소스에 액세스합니다.

▼ 권한 검토

정책 템플릿
역할의 액세스 정책에 포함될 정책 템플릿 목록이 아래 있습니다

이름	설명
StepFunctionsExecutionRoleWithLambdaInvokeScopedAccessPolicy	Allow AWS Step Functions to invoke Lambda functions on your behalf 자세히 알아보기 ⤴
StepFunctionsExecutionRoleWithCloudWatchLogsDeliveryFullAccessPolicy	Allows AWS Step Functions to write execution logs to CloudWatch Logs on your behalf 자세히 알아보기 ⤴
StepFunctionsExecutionRoleWithXRayAccessPolicy	Allow AWS Step Functions to call X-Ray daemon on your behalf 자세히 알아보기 ⤴

[그림 11-48] 검토

상태 머신을 생성할 때 약간의 시간이 걸린다.

[그림 11-49] 상태 머신 생성

완료되면 '실행 시작' 버튼을 클릭하여 테스트를 진행한다.

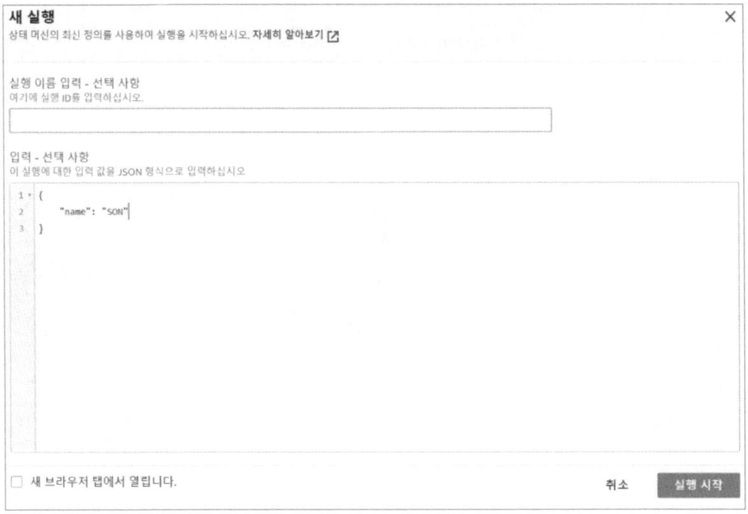
새 실행
상태 머신의 최신 정의를 사용하여 실행을 시작하십시오. 자세히 알아보기
실행 이름 입력 - 선택 사항
여기에 실행 ID를 입력하십시오.
입력 - 선택 사항
이 실행에 대한 입력 값을 JSON 형식으로 입력하십시오
{
"name": "SON"
}
새 브라우저 탭에서 열립니다.
취소
실행 시작

[그림 11-50] 테스트 단계 진행

실행하면 진행 단계를 확인할 수 있으며, 실행 세부 정보도 확인할 수 있다.

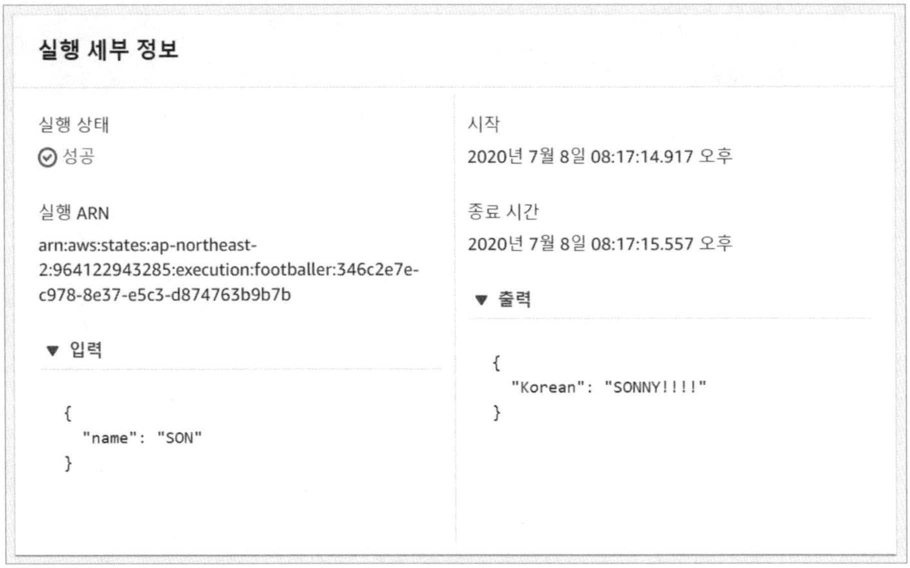
실행 세부 정보
실행 상태
성공
실행 ARN
arn:aws:states:ap-northeast-2:964122943285:execution:footballer:346c2e7e-c978-8e37-e5c3-d874763b9b7b
▼ 입력
{
"name": "SON"
}
시작
2020년 7월 8일 08:17:14.917 오후
종료 시간
2020년 7월 8일 08:17:15.557 오후
▼ 출력
{
"Korean": "SONNY!!!!"
}

[그림 11-51] 실행 세부 정보

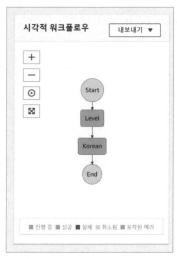

[그림 11-52] 시각적 워크플로우

시각적 워크플로우를 통해 설계한 워크플로우에 맞게 실행이 잘 되었는지 모니터링이
가능하다. 또한 CloudWatch에 로깅을 남기기 때문에 CloudWatch에서 로그를 확
인할 수 있다.

ID	유형	단계	리소스	경과 시간 (ms)	타임스탬프
▼ 1	ExecutionStarted		-	0	2020년 7월 8일 08:17:14.917 오후

```
{
  "input": {
    "name": "SON"
  },
  "inputDetails": null,
  "roleArn": "arn:aws:iam::964122943285:role/service-role/StepFunctions-footballer-role-c428f1d2"
}
```

ID	유형	단계	리소스	경과 시간 (ms)	타임스탬프
▶ 2	TaskStateEntered	Level	-	33	2020년 7월 8일 08:17:14.950 오후
▶ 3	LambdaFunctionScheduled	Level	Lambda ☑ | CloudWatch 로그 ☑	33	2020년 7월 8일 08:17:14.950 오후
▶ 4	LambdaFunctionStarted	Level	Lambda ☑ | CloudWatch 로그 ☑	69	2020년 7월 8일 08:17:14.986 오후
▶ 5	LambdaFunctionSucceeded	Level	Lambda ☑ | CloudWatch 로그 ☑	356	2020년 7월 8일 08:17:15.273 오후
▶ 6	TaskStateExited	Level	-	356	2020년 7월 8일 08:17:15.273 오후
▶ 7	TaskStateEntered	Korean	-	366	2020년 7월 8일 08:17:15.283 오후
▶ 8	LambdaFunctionScheduled	Korean	Lambda ☑ | CloudWatch 로그 ☑	366	2020년 7월 8일 08:17:15.283 오후
▶ 9	LambdaFunctionStarted	Korean	Lambda ☑ | CloudWatch 로그 ☑	375	2020년 7월 8일 08:17:15.292 오후
▶ 10	LambdaFunctionSucceeded	Korean	Lambda ☑ | CloudWatch 로그 ☑	640	2020년 7월 8일 08:17:15.557 오후
▶ 11	TaskStateExited	Korean	-	640	2020년 7월 8일 08:17:15.557 오후
▶ 12	ExecutionSucceeded		-	640	2020년 7월 8일 08:17:15.557 오후

[그림 11-53] 실행 이벤트 내역

[그림 11-54] CloudWatch Logs

[그림 11-55] 로그 그룹 세부 정보

## CHAPTER 12

기본 예제

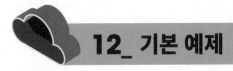

12_ 기본 예제

12.1 AWS Lambda에서 AWS Lambda 실행하기

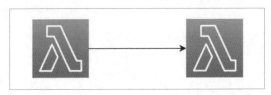

[그림 12-1] Lambda에서 Lambda

'lambda_a'와 'lambda_b'를 생성한다.

```python
import json

def lambda_handler(event, context):
    print(event)
    return event
```

'lambda_a' 소스코드

```python
import json
import boto3

def lambda_handler(event, context):
    payload = {}
    payload['hello'] = 'hi'
```

```
lan = boto3.client(service_name='lambda',region_name='ap-
northeast-2')
lan.invoke(FunctionName="lambda_a", InvocationType='Event',
Payload=json.dumps(payload))
print(payload)
return payload
```

'lambda_b' 소스코드

'lambda_a'는 Event를 그대로 출력하고 리턴한다. 'lambda_b'에서는 payload
['hello']에 값을 대입한다. 그리고 그 값을 Boto3를 사용하여 'lambda_a'로 invoke
한다. Boto3를 사용할 때 lambda라고 명시하고 리전 명을 넣는다.
'lambda_b'에서 테스트를 진행한다.

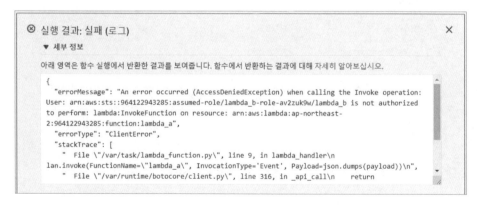

[그림 12-2] 실행 실패

오류가 발생한다. 오류의 내용은 권한이 없다는 내용이다. Invoke를 하기 위한 role
을 설정해야 한다.

[그림 12-3] 'lambda_b'의 권한 탭

'lambda_b'에서 권한 탭을 누르면 실행 역할이 나온다. 역할 이름을 누르거나 편집을
눌러 Role 설정 페이지로 이동한다.

[그림 12-4] 권한 정책 연결

람다 실행 권한이 존재한다. 람다의 모든 권한을 추가하자.

[그림 12-5] 'AWSLambdaFullAccess' 권한

권한을 추가하고 다시 'lambda_b'를 실행한다.

실행 결과: 성공 (로그)
▼ 세부 정보
아래 영역은 함수 실행에서 반환한 결과를 보여줍니다. 함수에서 반환하는 결과에 대해 자세히 알아보십시오.
{
"hello": "hi"
}
요약
코드 SHA-256
F264cTUUaPBnas4WoXJxsO2QdhtwmRgqy9ZamuO001E=
요청 ID
df5095f6-1325-42e6-9e87-be76ea61c22f
기간
931.68 ms
청구 기간
1000 ms
리소스 구성
128 MB
사용된 최대 메모리
71 MB Init Duration: 262.37 ms
로그 출력

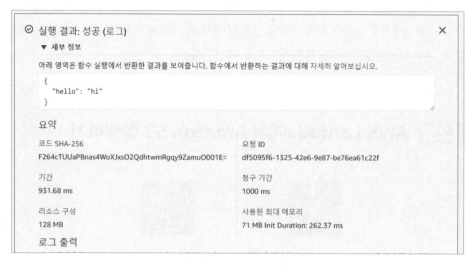

[그림 12-6] 'lambda_b' 실행 결과

정상 실행이 되고 payload 값이 정상 출력이 된다. 'lambda_a'의 로그를 확인하기 위해 CloudWatch Log로 이동한다.

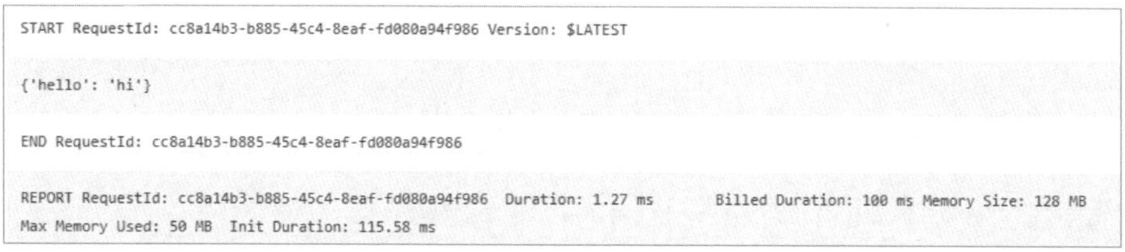

START RequestId: cc8a14b3-b885-45c4-8eaf-fd080a94f986 Version: $LATEST
{'hello': 'hi'}
END RequestId: cc8a14b3-b885-45c4-8eaf-fd080a94f986
REPORT RequestId: cc8a14b3-b885-45c4-8eaf-fd080a94f986 Duration: 1.27 ms Billed Duration: 100 ms Memory Size: 128 MB
Max Memory Used: 50 MB Init Duration: 115.58 ms

[그림 12-7] CloudWatch Logs

CloudWatch Log에 정확하게 실행한 로그가 남아 있다. 이렇게 단 몇 줄로 간단하게 lambda 함수에서 lambda 함수로 invoke를 진행했다.

과거에는 하나의 Lambda 함수에서 많은 분기처리가 진행되었다. 하지만 현재는 기

능별로 Lambda 함수를 쪼개는 경우가 많다. 이에 대한 장점은 소스코드를 이해하기 쉽고, 재사용성을 높이는 효과가 있으며, 자연스럽게 격리성이 높아진다. Lambda 함수에 대해 AWS에서 많은 업데이트를 꾸준히 진행 중이기에 활용 범위가 넓어지고 있있다. 따라서 앞으로도 계속 발전할 것으로 예상된다.

12.2 AWS Lambda에서 Amazon S3 실행하기

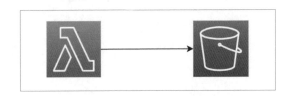

[그림 12-8] Lambda에서 S3

Lambda 함수를 생성한다. 이름은 간단하게 's3'로 하자.

Lambda 함수의 권한 탭에서 편집을 이용하여 'AmazonS3FullAccess' 권한을 추가해준다.

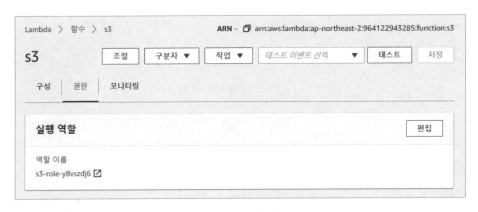

[그림 12-9] Lambda 함수 권한 탭

소스를 이용하여 버킷 리스트를 갖고 온다.

```python
import json
import boto3
import botocore

def lambda_handler(event, context):
    s3 = boto3.resource('s3')
    bucket_list = []
    for bucket in s3.buckets.all():
        bucket_list.append(bucket.name)

    return json.dumps(bucket_list)
```

테스트를 진행하면 자신의 Amazon S3 버킷 리스트를 확인할 수 있다.

[그림 12-11] Lambda 함수 테스트 결과

이를 이용해 이번에는 특정 버킷에서 TEXT 파일의 본문을 읽어보자.

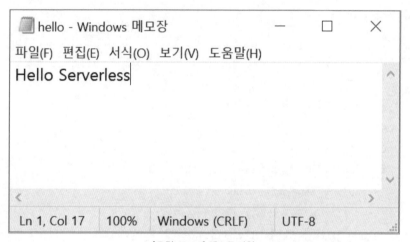

[그림 12-12] 텍스트 파일

간단하게 hello.txt 파일을 생성하고 내용에 원하는 문구를 넣는다.

Amazon S3에서 새로운 버킷을 만든다.

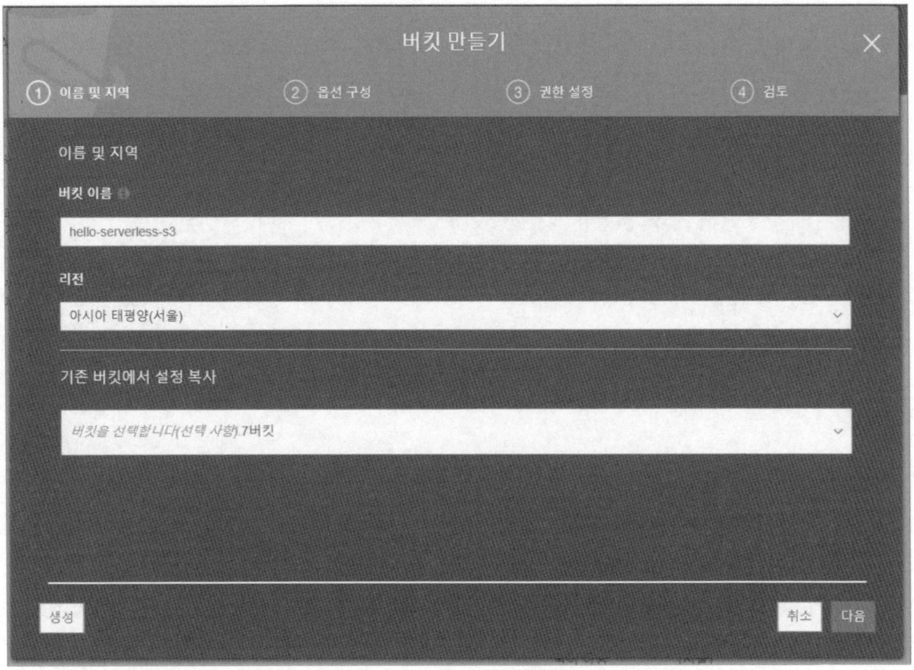

[그림 12-13] Amazon S3 버킷 생성

생성한 버킷에 hello.txt 파일을 업로드 한다.

[그림 12-14] TEXT 파일 업로드

```
import json
import boto3
import botocore

def lambda_handler(event, context):
    bucket_name = 'hello-serverless-s3'
    key = 'hello.txt'

    s3_client = boto3.client('s3')

    data = s3_client.get_object(Bucket=bucket_name, Key= key)
    file_text = data['Body'].read()

    return json.dumps(file_text.decode('UTF-8'))
```

[그림 12-15] Lambda 함수 테스트

12.3 AWS Lambda에서 Amazon SQS 실행하기

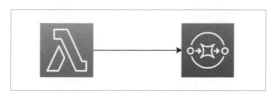

[그림 12-16] Lambda에서 SQS

Lambda에서 Amazon SQS로 invoke를 진행해본다. Amazon SQS Management Console에서 대기열을 생성한다. 모든 세팅 정보는 default로 두고 이름만 직접 넣는다.

[그림 12-17] 대기열 생성

구성은 표시 여부와 메시지 보존을 설정할 수 있다.

[그림 12-18] 대기열 생성 - 구성

액세스 정책은 대기열에 접근할 수 있는 사용자를 정의하는 것이다.

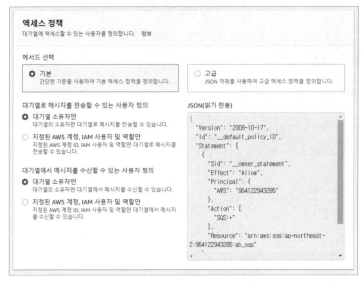

[그림 12-19] 대기열 생성 - 액세스 정책

생성이 완료되면 대기열의 세부 정보를 확인할 수 있다.

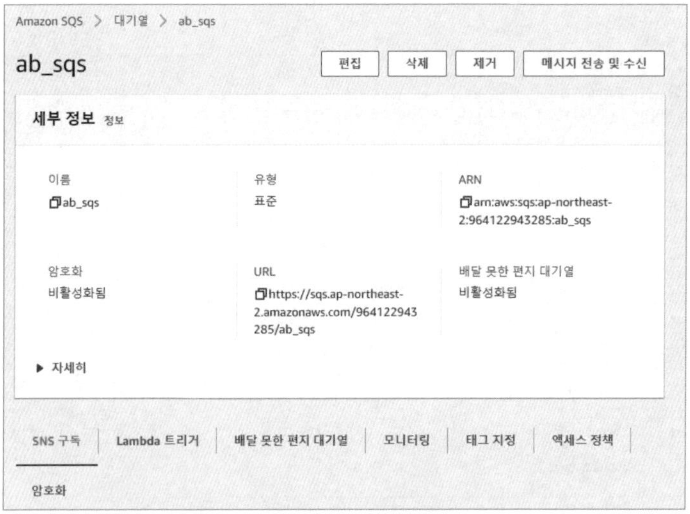

[그림 12-20] 대기열 정보

우측 상단에 있는 '메시지 전송 및 수신'을 이용해서 메시지를 전송해본다.

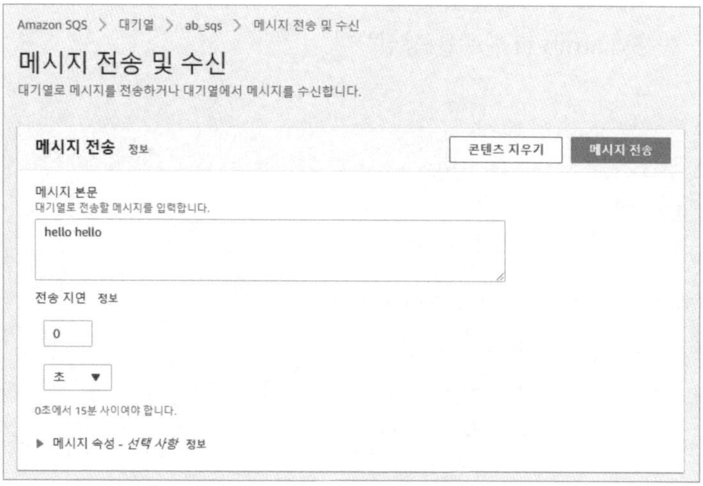

[그림 12-21] 대기열 - 메시지 전송 및 수신

원하는 내용으로 메시지 본문을 넣고 메시지 전송 버튼을 클릭한다.

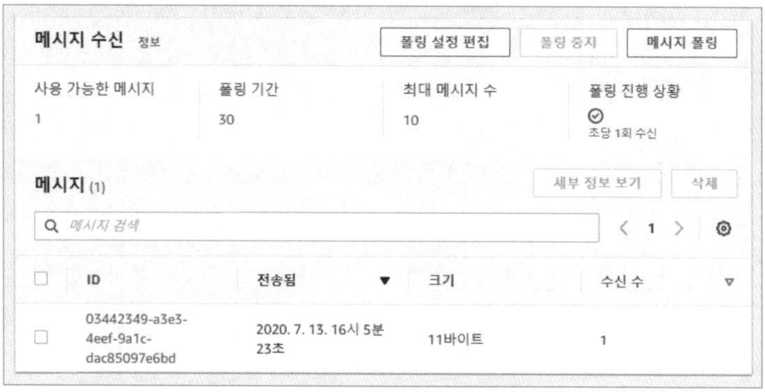

[그림 12-22] 수신 메시지 정보

수신된 메시지 정보를 확인한다. 이때 메시지가 없다면 우측상단의 메시지 폴링 버튼을 클릭하여 메시지를 폴링을 진행한다. 이렇게 메시지가 1개 대기열에 추가되었다.

방금 진행한 메시지 전송을 lambda 함수를 이용해서 동일하게 진행해보자.

'sqs_a'라는 이름의 lambda 함수를 생성한다.

```python
import json
import boto3

def lambda_handler(event, context):
    sqs_client = boto3.client(
        service_name='sqs',
        region_name='ap-northeast-2'
    )

    response = sqs_client.send_message(
        QueueUrl='https://sqs.ap-northeast-2.amazonaws.com/9641
22943285/ab_sqs', MessageBody='from sqs_a (lambda)'
    )

    print(json.dumps(response))
    return json.dumps(response)
```

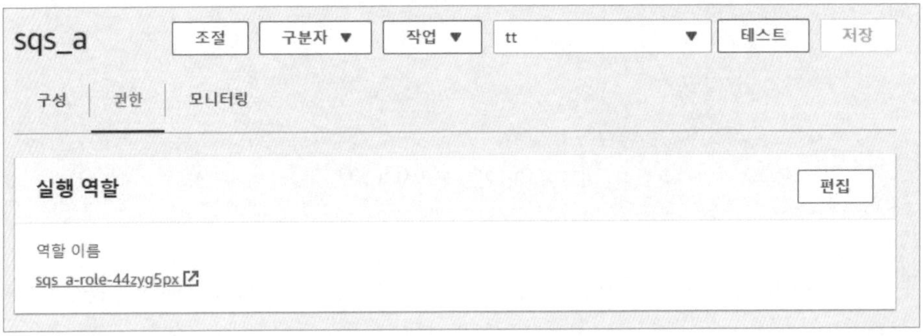

| sqs_a | 조절 | 구분자 ▼ | 작업 ▼ | tt | ▼ | 테스트 | 저장 |

구성 | 권한 | 모니터링

실행 역할　　　　　　　　　　　　　　　　　　　　　　編집

역할 이름
sqs_a-role-44zyg5px [↗]

[그림 12-23] Lambda 함수 권한 탭

[그림 12-24] 'AmazonSQSFullAccess' 권한 추가

'Sqs_a'를 실행해서 Amazon SQS 대기열에 메시지를 추가한다.

[그림 12-25] Lambda 함수 테스트

성공적으로 실행했으면 Amazon SQS에서 정상으로 메시지가 수신되었는지 확인한다.

[그림 12-26] 메시지 수신 확인

수신된 메시지를 확인하는 방법은 상단의 상세 정보에서 '사용 가능한 메시지'의 카운트로도 확인할 수 있다.

[그림 12-27] 메시지 수신 - 세부 정보

Lambda 함수를 사용하여 Amazon SQS 대기열에 메시지를 추가했다. 해당 메시지를 다른 Lambda 함수에서 사용하려면 어떻게 해야 할까?

[그림 12-28] Lambda에서 SQS로 그리고 다른 Lambda로

대기열에 있는 메시지를 사용하기 위한 'sqs_b'를 생성한다. 'sqs_b'의 권한에 'sqs_a'와 동일하게 Amazon SQS 사용 권한을 추가한다.

```python
import json

def lambda_handler(event, context):
    print('event',event)
    print('context:',context)
    return print(event)
```

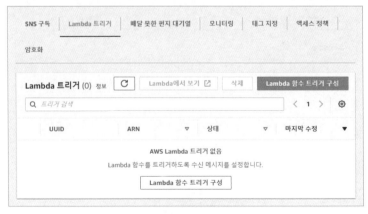

[그림 12-29] 대기열 정보 - Lambda 트리거

Amazon SQS 대기열 정보에서 Lambda 트리거를 선택하고 'Lambda 함수 트리거 구성'을 클릭하고 생성한 'sqs_b'를 선택하여 저장한다.

[그림 12-30] 대기열 정보 - Lambda 트리거 - Lambda 함수 지정

다른 방법도 있다. 'sqs_b' 람다 함수에서 직접 트리거를 설정하는 것이다. 'Sqs_b' 함수의 디자이너에서 '+ 트리거 추가' 버튼을 사용한다.

[그림 12-31] Lambda 함수 디자이너

추가 트리거에서 'sqs'를 입력하여 Amazon SQS를 선택하고 SQS 대기열에서 생성한 SQS 대기열의 ARN을 선택한다. '추가' 버튼을 클릭하면 트리거 구성이 완료된다.

[그림 12-32] 추가 트리거 - SQS

SQS 대기열에서 다시 보면 Lambda 함수와 트리거 구성 중임을 확인할 수 있다. (구성이 완료되면 상태 정보가 'Enable'으로 변경된다.)

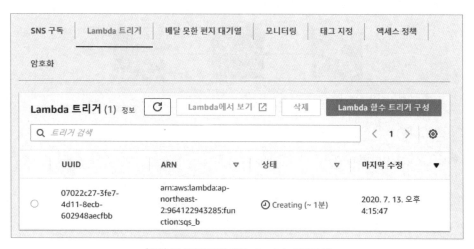

[그림 12-33] 대기열 정보 - Lambda 트리거 탭

구성이 완료되면 자동으로 대기열에 존재하는 Message가 Lambda 함수로 전달되는 것을 Cloud Watch Logs에서 Lambda 함수 'sqs_b'의 Log를 확인한다.

```
{'Records': [{'messageId': '03442349-a3e3-4eef-9a1c-dac85097e6bd', 'receiptHandle':
'AQEBEtHv+dfjUdIzFfOB77hZUZXcaOKUADu/1t8xq+AGPpUA8JjYEsIlyi7x95eJxn18JFrwwzo7oyPZhx76HZA09CHB+G80REemx+BPGAtoF2Y+XQj6Rm574XJvpdQk2f2W+q
a1QJiUpnN4U1COh6dCO4CpC9wv3aDp91TOavDjFui2rI3LxNLet8UgsnnBzAzP+OH7KaD/23W6FWwJIwnWAS+rRWK++CcgopIm0nm7qhvdeM6qIvL7B+k2mnLD5AFRGwuTWpFFY
g/YfoeDk1DWTiEYrxB7SHdyWmgjO1pMFEn5KKRtPhhSqI3bpH640Q45x4z+guZYUW1NJ+pdxMgwIfnj9umChNt7tXyX/ZXPxHQicMbC6icpkPXq2MW/eqrbRa4Dq3YFMkhQK0rs
KLVunw==', 'body': 'hello hello', 'attributes': {'ApproximateReceiveCount': '3', 'SentTimestamp': '1594623923725', 'SenderId':
'964122943285', 'ApproximateFirstReceiveTimestamp': '1594623986329'}, 'messageAttributes': {}, 'md5OfBody':
'f52d885484f1215ea500a805a86ff443', 'eventSource': 'aws:sqs', 'eventSourceARN': 'arn:aws:sqs:ap-northeast-2:964122943285:ab_sqs',
'awsRegion': 'ap-northeast-2'}]}

END RequestId: da61c738-772a-5de5-85a4-90be7b553f1a

REPORT RequestId: da61c738-772a-5de5-85a4-90be7b553f1a  Duration: 1.68 ms       Billed Duration: 100 ms Memory Size: 128 MB       Max
Memory Used: 50 MB    Init Duration: 126.82 ms

START RequestId: 6e01b61a-762b-5769-8d82-e19c7a548e88 Version: $LATEST

event {'Records': [{'messageId': 'f4862cb2-18b7-4ff2-a4cf-e9e0b4a2a843', 'receiptHandle':
'AQE8MYV2DSwpsu9HuLTs5WKU01TY1PrZXNYNRsUwOz+Rv8OVAjwI8Zf8uxJy7a+CfG4bMDqBJHtpIgYcszeRtPkqGoLIc/ySx9anqOZo/cu4gj3twHI9UxmYxq16z9ODm68Xay
97XJHWwJsc6i3pb+Eq1JiD6pq8Cb8/xMSxUp9nMDVH1U7NeVA1yyRE8r+2t20dEsIwsiAS647br/7FMArp4j9p9mcoyy9B7emj1BvtGXRt7+ZK1ZxXjVE1ee1ZJB1cm8000oY1j
8oLBeO3mbfg8N/5KLZu5adVRHU8Q4NpWRHuFDxdtuVHJ082avU6ckcbdj1ihBbQ+MAio45sCuugAibvtHBQrbDjOEiLr6mWiViWyHEvK/boOB69qCdIxAw1HuC2Jc8PH2bpsP1u
6rhkfg==', 'body': 'from sqs_a (lambda) ', 'attributes': {'ApproximateReceiveCount': '2', 'SentTimestamp': '1594624175153', 'SenderId':
'AROA6A6RUT425BNCIVWJH:sqs_a', 'ApproximateFirstReceiveTimestamp': '1594624202712'}, 'messageAttributes': {}, 'md5OfBody':
'3a387a3bd5b9ccc7dd110a5d6db7de29', 'eventSource': 'aws:sqs', 'eventSourceARN': 'arn:aws:sqs:ap-northeast-2:964122943285:ab_sqs',
```

[그림 12-34] CloudWatch Log

12.4 AWS Lambda에서 Amazon SNS 실행하기

[그림 12-35] Lambda에서 SNS 그리고 Lambda로

'sns_a'라는 Lambda 함수를 생성한다.

```python
import json
import boto3

def lambda_handler(event, context):
    client = boto3.client(service_name='sns')
    response = client.publish(
        TargetArn = '',
        Message = 'hello',
        Subject = 'sns_a lambda',
        MessageStructure='text'
    )
    print(response)
    return response
```

추가로 'sns_b'라는 Lambda 함수를 생성한다.

```python
import json

def lambda_handler(event, context):
    print(event)
    return event
```

Amazon SNS Manage Console에서 주제를 생성한다.

[그림 12-36] Amazon SNS 주제

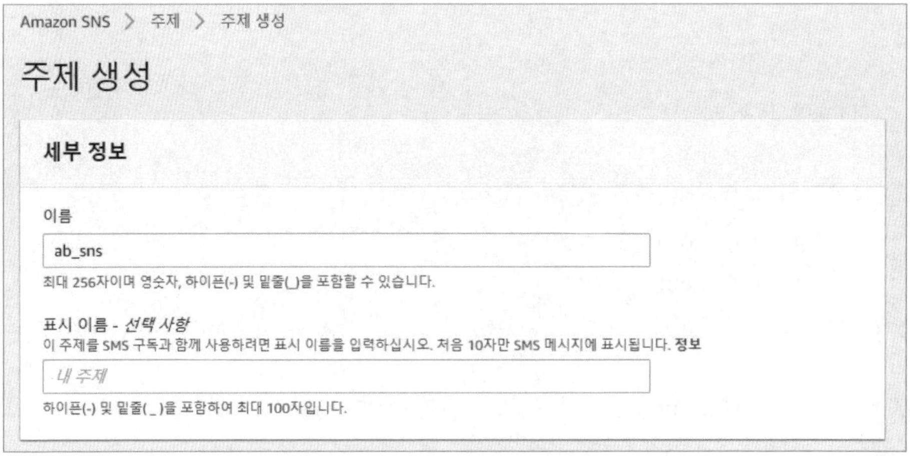

[그림 12-37] Amazon SNS 주제 - 생성

주제 이름을 'ab_sns'으로 입력하고 생성한다.

[그림 12-38] Amazon SNS 주제 세부정보

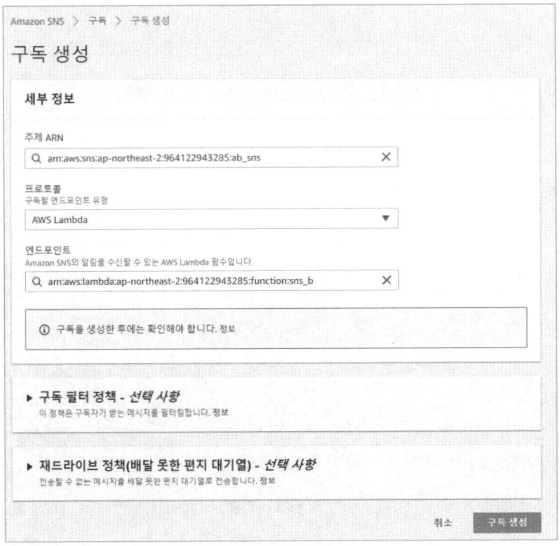

[그림 12-39] Amazon SNS 구독 생성

주제가 생성되면 구독을 생성한다.

주제 ARN을 'ab_sns'으로 선택하고 AWS Lambda로 엔드 포인트로 유형을 선택한다. 엔드 포인트로 'sns_b'를 선택하고 나머지는 default로 진행한다.

[그림 12-40] Amazon SNS - 구독 정보

생성된 구독정보의 ARN 값을 복사한다.

```python
import json
import boto3


def lambda_handler(event, context):
    client = boto3.client(service_name='sns')
    response = client.publish(
```

```
        TargetArn = 'arn:aws:sns:ap-northeast-2:964122943285:ab_
        sns',
        Message = 'hello',
        Subject = 'sns_a lambda',
        MessageStructure='text'
    )
    print(response)
    return response
```

'sns_a'에서 비워두었던 TargetArn 값에 복사한 값을 넣는다.

[그림 12-41] 권한 정보

'sns_a'의 권한에 'AmazonSNSFullAccess' 권한을 추가한다.

[그림 12-42] AmazonSNSFullAccess 권한 추가

권한 추가가 완료되면 'sns_a'에서 테스트를 진행한다.

START RequestId: 37ef3290-b97e-486c-bcd1-019c32f8cba7 Version: $LATEST

{'Records': [{'EventSource': 'aws:sns', 'EventVersion': '1.0', 'EventSubscriptionArn': 'arn:aws:sns:ap-northeast-
2:964122943285:ab_sns:b7b0365d-bbf1-40df-908e-2d2a287ae7c3', 'Sns': {'Type': 'Notification', 'MessageId': '71b8a174-56fd-597d-9d97-
f6f24fd88704', 'TopicArn': 'arn:aws:sns:ap-northeast-2:964122943285:ab_sns', 'Subject': 'sns_a lambda', 'Message': 'hello', 'Timestamp':
'2020-07-13T08:10:13.991Z', 'SignatureVersion': '1', 'Signature':
'NG7yU4LG9cuNXR2CAkkhoiXm0onOKE+6Gv1ON1Ssv7JS8Ep71D3IyonUE3XoZnnoeFJVB3N1ngMnt+dfdFH1DxYuyjbdn8hc2jTpoEXQEtUW83y1ku1ZtcpFpU6uQqeZa2kIZTRvv
EMkkVRbW1u9ht6IuCCoAdffccrOFvxHYNIMFDyt41o58dWMX33Oqx35KRr6nJr9BjkqObwhYiMI1SUeteWx3KKo6qpnsmsU5ms1VpdtLqmimK61z1sf2cyWNq5gpOBPPGaocwI4/x5
vXYjdyJ4J3cEBVBRaY1wxmY5qbT+CAsZhuaq59ATdPbxXmiV48WwyNkJn8RL6UFz2yw==', 'SigningCertUrl': 'https://sns.ap-northeast-
2.amazonaws.com/SimpleNotificationService-a86cb10b4e1f29c941702d737128f7b6.pem', 'UnsubscribeUrl': 'https://sns.ap-northeast-
2.amazonaws.com/?Action=Unsubscribe&SubscriptionArn=arn:aws:sns:ap-northeast-2:964122943285:ab_sns:b7b0365d-bbf1-40df-908e-2d2a287ae7c3',
'MessageAttributes': {}}]}

END RequestId: 37ef3290-b97e-486c-bcd1-019c32f8cba7

REPORT RequestId: 37ef3290-b97e-486c-bcd1-019c32f8cba7 Duration: 1.51 ms   Billed Duration: 100 ms Memory Size: 128 MB   Max Memory
Used: 50 MB   Init Duration: 123.71 ms

[그림 12-43] CloudWatch Logs

CloudWatch에서 Log를 확인한다.

12.5 AWS Lambda에서 Amazon DynamoDB 실행하기

[그림 12-44] Lambda에서 DynamoDB

DynamoDB
대시보드
테이블
백업
예약 용량
기본 설정

◀ 테이블 만들기

Amazon DynamoDB는 완벽하게 관리되는 비관계형 데이터베이스 서비스로서 원활한 확장성과 함께 빠르고 예측 가능한 성능을 제
공합니다.

테이블 만들기

최근 알림

트리거된 CloudWatch 알림이 없습니다.   CloudWatch에서 모두 보기 ☐

Asia Pacific (Seoul)에 대한 총 용량

프로비저닝된 읽기 용량	10 (최대: 80000)	예약 읽기 용량	0
프로비저닝된 쓰기 용량	10 (최대: 80000)	예약 쓰기 용량	0

[그림 12-45] DynamoDB 테이블 만들기

DynamoDB 생성 페이지에 접근해서 DynamoDB에 테이블을 생성한다.

테이블 이름은 'song'으로 하고 기본 키로 'yyyymmdd'와 'title'이라는 필드를 지정한다.

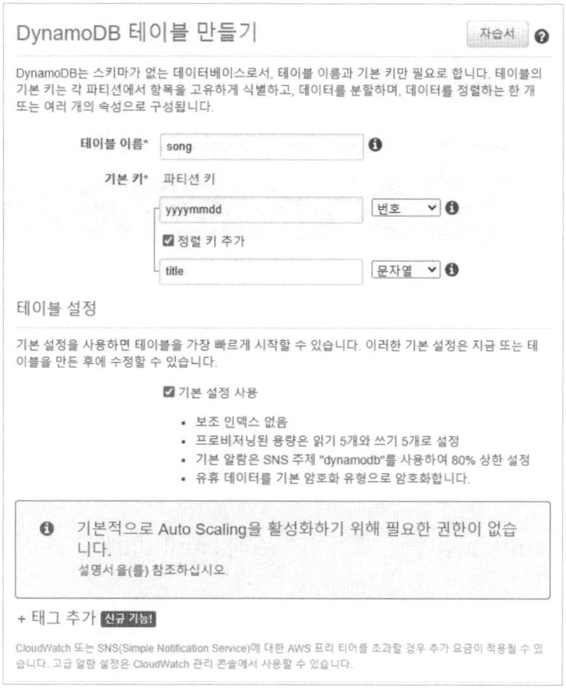

[그림 12-46] DynamoDB 테이블 만들기 - 설정

생성된 DynamoDB의 테이블의 '개요' 페이지로 이동된다. '항목'탭으로 이동한다.

[그림 12-47] 테이블 상세정보

'항목' 탭에서는 테이블을 스캔할 수 있다. 또한 항목을 추가로 생성할 수 있으며, '작업' 버튼을 클릭하여 데이터를 입력하거나 삭제하는 등의 액션을 할 수 있다.

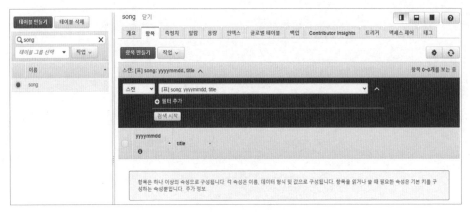

[그림 12-48] 테이블 - 항목

DynamoDB를 Lambda 함수로 제어하기 위해 Lambda 함수를 신규 생성한다.

[그림 12-49] Lambda 함수

'권한' 탭에서 실행 역할을 편집한다.

[그림 12-50] Lambda 함수 - 역할

실행 역할에 'AmazonDynamoDBFullAccess'를 선택하여 권한을 추가한다.

[그림 12-51] Lambda 함수 - 권한 연결

Lambda 함수를 이용하여 DynamoDB에 데이터를 삽입해보자. 우선 Lambda 함수의 소스를 수정한다.

```python
import json
import boto3

from botocore.exceptions import ClientError

def put_song(yyyymmdd, title, singer, country):
```

```
    dynamodb = boto3.resource("dynamodb", region_name="ap-north-
east-2")

    try:
        response = dynamodb.Table("song").put_item(
            Item={
                "yyyymmdd": yyyymmdd,
                "title": title,
                "info": {
                    "singer": singer,
                    "country": country
                }
            }
        )
    except ClientError as e:
        print(e.response["Error"]["Message"])
    else:
        return response

def lambda_handler(event, context):
    song_put_response = put_song(20120715, "gangnam style",
"psy", "korea")
    return song_put_response
```

Boto3를 이용하여 DynamoDB에 접근하고 put_item으로 데이터를 삽입한다. 테스트를 진행하면 데이터가 정상적으로 삽입되었음을 확인할 수 있다.

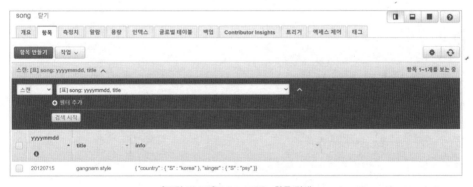

```
  ▼ ▤ dynamodb-lambda  ⚙▼          ▤      lambda_function ×  ⊕
      ▷ lambda_function.py    1   import json
                              2   import boto3
                              3
                              4   from botocore.exceptions import ClientError
                              5
                              6   def put_song(yyyymmdd, title, singer, country):
                              7
                              8       dynamodb = boto3.resource('dynamodb', region_name='ap-northeast-2')
                              9
                              10      try:
                              11          response = dynamodb.Table('song').put_item(
                              12          Item={
                              13              'yyyymmdd': yyyymmdd,
                              14              'title': title,
                              15              'info': {
                              16                  'singer': singer,

                              ▤    Execution Result ×   ⊕

  ▼ Execution results

  Response:
  {
    "ResponseMetadata": {
      "RequestId": "BO4C1DA7TMK3NFE4FIOT2UJL87VV4KQNSO5AEMVJF66Q9ASUAAJG",
      "HTTPStatusCode": 200,
      "HTTPHeaders": {
        "server": "Server",
        "date": "Tue, 21 Jul 2020 11:33:33 GMT",
        "content-type": "application/x-amz-json-1.0",
        "content-length": "2",
        "connection": "keep-alive",
        "x-amzn-requestid": "BO4C1DA7TMK3NFE4FIOT2UJL87VV4KQNSO5AEMVJF66Q9ASUAAJG",
        "x-amz-crc32": "2745614147"
      },
      "RetryAttempts": 0
```

[그림 12-52] Lambda 함수 - put 테스트

DynamoDB에서 Lambda 함수를 이용해서 삽입한 데이터를 확인해본다.

[그림 12-53] DynamoDB - 항목 검색

삽입한 데이터를 수정하기 위해 소스를 수정한다.

```python
import json
import boto3

from botocore.exceptions import ClientError


def put_song(yyyymmdd, title, singer, country):
    dynamodb = boto3.resource("dynamodb", region_name="ap-north-
east-2")

    try:
        response = dynamodb.Table("song").put_item(
            Item={
                "yyyymmdd": yyyymmdd,
                "title": title,
                "info": {
                    "singer": singer,
                    "country": country
                }
            }
        )
    except ClientError as e:
        print(e.response["Error"]["Message"])
    else:
        return response

def update_song(yyyymmdd, title, singer, country):
    dynamodb = boto3.resource("dynamodb", region_name="ap-north-
east-2")
```

```
try:
    response = dynamodb.Table("song").update_item(
        Key={"yyyymmdd": yyyymmdd, "title": title},
        UpdateExpression="SET info= :values"'",
        ExpressionAttributeValues={
            ":values": {"singer": singer, "country": country}
        }
    )
except ClientError as e:
    print(e.response["Error"]["Message"])
else:
    return response


def lambda_handler(event, context):
    # song_put_response = put_song(20120715, "gangnam style",
"psy", "korea")
    update_response = update_song(20120715, "gangnam style",
"psy", "south korea")

    return update_response
```

'korea'를 'south korea'로 수정했다. 소스를 수정하고 다시 한 번 테스트를 진행하자.
그리고 DynamoDB '항목' 탭에서 데이터를 다시 검색하여 데이터가 변경되었는지
확인한다.

[그림 12-54] DynamoDB - 항목 검색 (업데이트 데이터)

수정된 데이터가 확인되었다면 이번에는 데이터를 갖고 와 보자. 소스를 수정한다.

```python
import json
import boto3

from botocore.exceptions import ClientError


def put_song(yyyymmdd, title, singer, country):
    dynamodb = boto3.resource("dynamodb", region_name="ap-north-
east-2")

    try:
        response = dynamodb.Table("song").put_item(
            Item={
                "yyyymmdd": yyyymmdd,
                "title": title,
                "info": {
```

```python
                "singer": singer,
                "country": country
            }
        }
    )
    except ClientError as e:
        print(e.response["Error"]["Message"])
    else:
        return response


def update_song(yyyymmdd, title, singer, country):
    dynamodb = boto3.resource("dynamodb", region_name="ap-north-
east-2")

    try:
        response = dynamodb.Table("song").update_item(
            Key={"yyyymmdd": yyyymmdd, "title": title},
            UpdateExpression="SET info= :values",
            ExpressionAttributeValues={
                ":values": {"singer": singer, "country": country}
            }
        )
    except ClientError as e:
        print(e.response["Error"]["Message"])
    else:
        return response
```

```
def get_song(yyyymmdd, title):
    dynamodb = boto3.resource("dynamodb", region_name="ap-north-
east-2")

    try:
        response = dynamodb.Table("song").get_item(Key={"yyyym-
mdd": yyyymmdd, "title": title})
    except ClientError as e:
        print(e.response["Error"]["Message"])
    else:
        return response


def lambda_handler(event, context):
    # song_put_response = put_song(20120715, "gangnam style",
"psy", "korea")
    # update_response = update_song(20120715, "gangnam style",
"psy", "south korea")
    song_get_response = get_song(20120715, "gangnam style")

    return song_get_response
```

수정한 소스를 실행하면 DynamoDB의 해당 Table에서 데이터를 가져왔음을 확인할 수 있다.

```
47        try:
48            response = dynamodb.Table('song').get_item(Key={'yyyymmdd': yyyymmdd, 'title': title})
49        except ClientError as e:
50            print(e.response['Error']['Message'])
51        else:
52            return response
53
54    def lambda_handler(event, context):
55
56        # song_put_response = put_song(20120715, "gangnam style", "psy", "korea")
57        # update_response = update_song(20120715, "gangnam style", "psy", "south korea")
58        song_get_response = get_song(20120715, "gangnam style")
59
60        return song_get_response
61
62
```

Execution Result ×

▼ Execution results

```
Response:
{
  "Item": {
    "info": {
      "singer": "psy",
      "country": "south korea"
    },
    "yyyymmdd": 20120715,
    "title": "gangnam style"
  },
  "ResponseMetadata": {
    "RequestId": "T5R13PFQN3933LDGJSUQUGCQD3VV4KQNSO5AEMVJF66Q9ASUAAJG",
    "HTTPStatusCode": 200,
    "HTTPHeaders": {
      "server": "Server",
```

[그림 12-55] Lambda 함수 - get 테스트

이번에는 삭제를 진행한다. 삭제하는 소스코드를 추가하여 소스코드를 수정한다.

```
import json
import boto3

from botocore.exceptions import ClientError


def put_song(yyyymmdd, title, singer, country):
```

```python
    dynamodb = boto3.resource("dynamodb", region_name="ap-
northeast-2")

    try:
        response = dynamodb.Table("song").put_item(
            Item={
                "yyyymmdd": yyyymmdd,
                "title": title,
                "info": {
                    "singer": singer,
                    "country": country
                }
            }
        )
    except ClientError as e:
        print(e.response["Error"]["Message"])
    else:
        return response


def update_song(yyyymmdd, title, singer, country):
    dynamodb = boto3.resource("dynamodb", region_name="ap-
northeast-2")

    try:
        response = dynamodb.Table("song").update_item(
            Key={"yyyymmdd": yyyymmdd, "title": title},
            UpdateExpression="SET info= :values",
            ExpressionAttributeValues={
                ":values": {"singer": singer, "country": country}
```

```python
        }
    )
    except ClientError as e:
        print(e.response["Error"]["Message"])
    else:
        return response


def get_song(yyyymmdd, title):
    dynamodb = boto3.resource("dynamodb", region_name="ap-
northeast-2")

    try:
        response = dynamodb.Table("song").get_
item(Key={"yyyymmdd": yyyymmdd, "title": title})
    except ClientError as e:
        print(e.response["Error"]["Message"])
    else:
        return response


def delete_underrated_song(yyyymmdd, title):
    dynamodb = boto3.resource("dynamodb", region_name="ap-
northeast-2")

    try:
        response = dynamodb.Table("song").delete_item(
            Key={"yyyymmdd": yyyymmdd, "title": title}
        )
    except ClientError as e:
```

```
            if e.response["Error"]["Code"] == "ConditionalCheckFailedE
xception":
                print(e.response["Error"]["Message"])
            else:
                raise
        else:
            return response


def lambda_handler(event, context):
    # song_put_response = put_song(20120715, "gangnam style",
"psy", "korea")
    # update_response = update_song(20120715, "gangnam style",
"psy", "south korea")
    # song_get_response = get_song(20120715, "gangnam style")
    delete_response = delete_underrated_song(20120715, "gangnam
style")

    return delete_response
```

추가한 삭제를 테스트한다. 그리고 삭제되었는지 데이터를 확인한다.

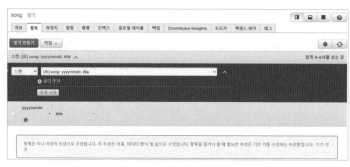

[그림 12-56] DynamoDB - 항목 검색 (삭제 데이터)

삭제가 잘 되었음을 확인할 수 있다. 최종적으로 소스코드를 수정한다.

```python
import json
import boto3

from botocore.exceptions import ClientError


def put_song(yyyymmdd, title, singer, country):
    dynamodb = boto3.resource("dynamodb", region_name="ap-northeast-2")

    try:
        response = dynamodb.Table("song").put_item(
            Item={
                "yyyymmdd": yyyymmdd,
                "title": title,
                "info": {
                    "singer": singer,
                    "country": country
                }
            }
        )
    except ClientError as e:
        print(e.response["Error"]["Message"])
    else:
        return response
```

```python
def update_song(yyyymmdd, title, singer, country):
    dynamodb = boto3.resource("dynamodb", region_name="ap-
northeast-2")

    try:
        response = dynamodb.Table("song").update_item(
            Key={"yyyymmdd": yyyymmdd, "title": title},
            UpdateExpression="SET info= :values",
            ExpressionAttributeValues={
                ":values": {"singer": singer, "country": country}
            }
        )
    except ClientError as e:
        print(e.response["Error"]["Message"])
    else:
        return response


def get_song(yyyymmdd, title):
    dynamodb = boto3.resource("dynamodb", region_name="ap-
northeast-2")

    try:
        response = dynamodb.Table("song").get_item(Key={"yyyy
mmdd": yyyymmdd, "title": title})
    except ClientError as e:
        print(e.response["Error"]["Message"])
    else:
        return response
```

```python
def delete_underrated_song(yyyymmdd, title):
    dynamodb = boto3.resource("dynamodb", region_name="ap-
northeast-2")

    try:
        response = dynamodb.Table("song").delete_item(
            Key={"yyyymmdd": yyyymmdd, "title": title}
        )
    except ClientError as e:
        if e.response["Error"]["Code"] == "ConditionalCheckFailedE
xception":
            print(e.response["Error"]["Message"])
        else:
            raise
    else:
        return response


def lambda_handler(event, context):
    try:
        if event is not None:
            json_data = json.dumps(event)
            dict = json.loads(json_data)

            if dict["type"] is None:
                print("event type empty")
            else:
```

```python
            for d in dict["data"]:
                yyyymmdd = d["yyyymmdd"]
                title = d["title"]
                singer = d["info"].get("singer")
                country = d["info"].get("country")


                if dict["type"] == "put":
                    song_put_response = put_song(yyyymmdd, title,
singer, country)
                    print(song_put_response)
                elif dict["type"] == "update":
                    update_response = update_song(yyyymmdd, title,
singer, country)
                    print(update_response)
                elif dict["type"] == "delete":
                        delete_response = delete_underrated_
song(yyyymmdd, title)
                    print(delete_response)
                elif dict["type"] == "get":
                    song_get_response = get_song(yyyymmdd, title)
                    print(song_get_response)
                else:
                    print("event type error")
        else:
            print("event empty")

    except ClientError as e:
        print(e.response["Error"])

    return "success"
```

소스코드에 이벤트 값으로 분기처리 하고 Lambda 함수의 테스트 이벤트를 구성하고
테스트를 진행한다.

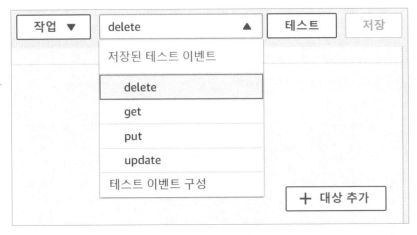

[그림 12-57] 테스트 케이스

```json
{
  "type": "put",
  "data": [
    {
      "yyyymmdd": 20120715,
      "title": "gangnam style",
      "info": {
        "singer": "psy",
        "country": "korea"
      }
    }
  ]
}
```

'put' Test case

```json
{
  "type": "update",
  "data": [
    {
      "yyyymmdd": 20120715,
      "title": "gangnam style",
      "info": {
        "singer": "psy",
        "country": "south korea"
      }
    }
  ]
}
```

'update' Test case

```json
{
  "type": "get",
  "data": [
    {
      "yyyymmdd": 20120715,
      "title": "gangnam style",
      "info": {
        "singer": "psy",
        "country": "south korea"
      }
    }
  ]
}
```

'get' Test case

```
{
  "type": "delete",
  "data": [
    {
      "yyyymmdd": 20120715,
      "title": "gangnam style",
      "info": {
        "singer": "psy",
        "country": "korea"
      }
    }
  ]
}
```

'delete' Test case

12.6 Amazon API Gateway으로 AWS Lambda 실행하기

[그림 12-58] API Gateway와 Lambda

'restapi-lambda'라는 이름으로 Lambda 함수를 생성한다.

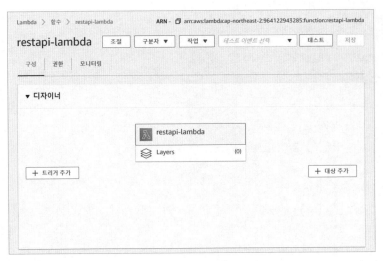

[그림 12-59] Lambda 함수 생성

API Gateway 생성 페이지로 이동한다.

4가지의 API 생성 박스 중 REST API 생성 박스의 '구축'을 클릭한다.

[그림 12-60] API Gateway 생성 옵션 박스

프로토콜은 'REST'를 선택하고 API 이름은 'restapi-lambda'로 지정한다.

[그림 12-61] API Gateway 생성 - REST API

API가 생성되면 생성된 API의 리소스 페이지로 이동한다.

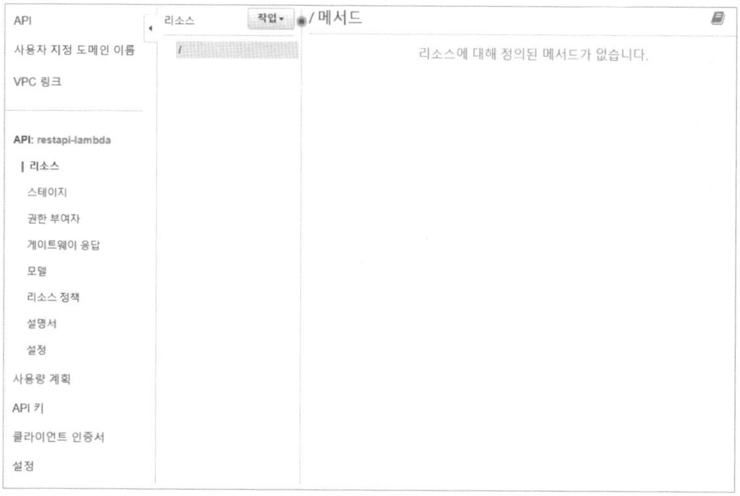

[그림 12-62] API Gateway - REST API 리소스 페이지

[그림 12-63] 리소스 - 작업 선택 박스 - 리소스 생성

리소스 페이지에 있는 '작업'이라는 Select box를 선택하면 리소스 작업/API 작업을 진행할 수 있다. 여기서 리소스 생성을 선택한다.

리소스 이름은 'Test'로 한다.

[그림 12-64] 새 하위 리소스 생성

리소스가 생성되면 '/test'라는 리소스 경로가 새로 생긴 것을 확인할 수 있다.

[그림 12-65] 리소스 - 작업 선택 박스 - 메소드 생성

'/test'라는 리소스 경로를 선택하고 다시 한 번 작업버튼을 누르고 '메소드 생성'을 클릭한다.

생성할 수 있는 메소드 중 'GET'을 선택한다.

[그림 12-66] 메소드 선택 박스

GET 설정화면으로 진입이 되고 이때 '통합 유형'을 선택할 수 있다. 'Lambda 함수'를 선택한다. Lambda 리전은 Lambda 함수를 생성한 리전을 선택하고, 신규 생성한 Lambda 함수 명을 입력한다.

[그림 12-67] 메소드 생성 - 설정

'저장' 버튼을 클릭하면 'Lambda 함수를 호출하기 위해 API Gateway 권한을 부여한다.' 라는 컨펌메시지가 발생한다. '확인' 버튼을 클릭하여 권한을 부여하자.

[그림 12-68] 권한 부여 안내 메시지

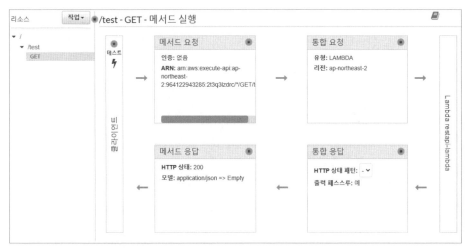

[그림 12-69] 메소드 정보

리소스와 메소드를 신규 생성 했으니 배포를 진행한다. 배포는 이전과 동일하게 '작업'
버튼을 클릭한다. 'API 작업' 하위 메뉴에서 'API 배포'를 클릭한다.

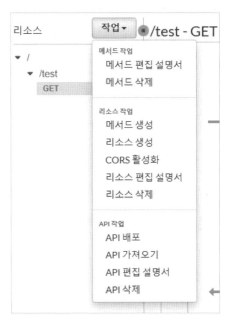

[그림 12-70] 리소스 - 작업 선택 박스 - API배포

API 배포를 진행하기 위해서는 타깃이 되는 스테이지가 필요하다. 배포 스테이지를 [새 스테이지]로 선택하고 스테이지 이름을 지정하고 '배포' 버튼을 클릭하여 배포를 진행한다.

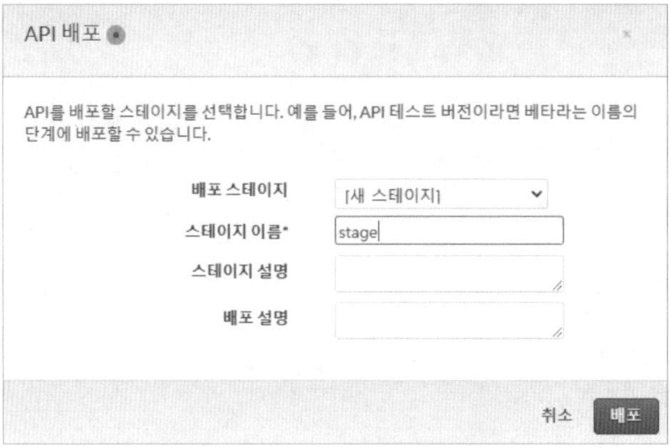

[그림 12-71] API 배포 스테이지

배포가 완료되면 '스테이지 편집기'로 이동된다. 이때 상단에 'URL 호출'이라는 명칭과 함께 배포한 API Gateway의 엔드 포인트를 확인할 수 있다.

[그림 12-72] 스테이지 편집

POSTMAN을 이용하여 엔드 포인트에 GET으로 접근하면 Lambda 함수의 결과 값이 잘 나오는 것을 확인할 수 있다.

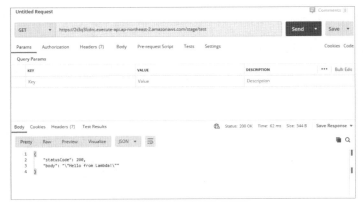

[그림 12-73] POSTMAN 테스트

지금까지 진행한 사항은 엔드 포인트가 누구나 접근이 가능한 상태이다. 인증된 사용자만 접근할 수 있도록 진행해보자. 좌측 메뉴에서 '사용량 계획' 메뉴로 접근한다. 그리고 이름에 'restapi-lambda-get'을 입력한다. 요율과 버스트 그리고 할당량을 직접 설정할 수 있다.

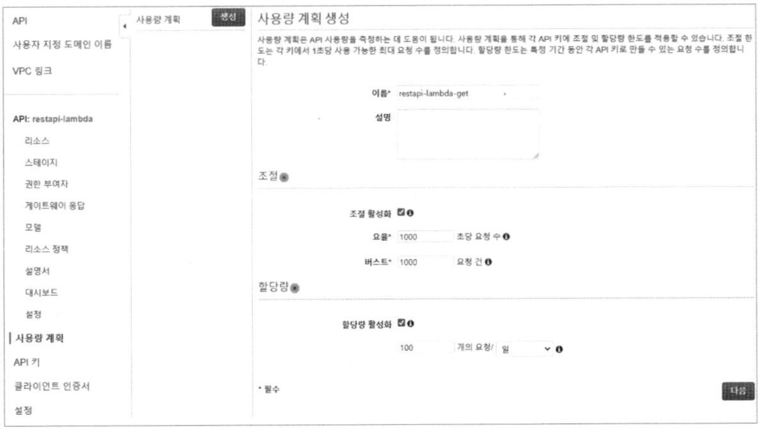

[그림 12-74] 사용량 계획

배포를 진행할 때 사용한 스테이지를 연결한다.

[그림 12-75] 사용량 계획 - 스테이지 연결

마지막에 '사용량 계획 API 키'를 추가할 수 있다. '완료' 버튼을 클릭하여 '사용량 계획'
생성을 완료한다.

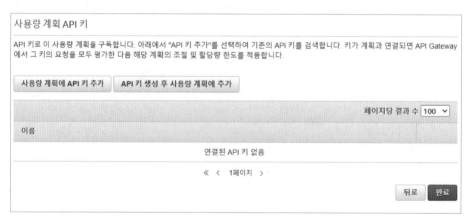

[그림 12-76] 사용량 계획 - API 키 추가

API 키는 사용량 계획과 별도로 생성할 수 있다.

[그림 12-77] 사용량 계획 - 세부 정보 탭

API 키 탭을 누르고 'API 키 생성 후 사용량 계획에 추가' 버튼을 클릭한다.

[그림 12-78] 사용량 계획 - API 키 탭

API 키의 이름을 입력하고 '자동생성'을 선택하고 '저장' 버튼을 클릭하여 API 키를 생성한다.

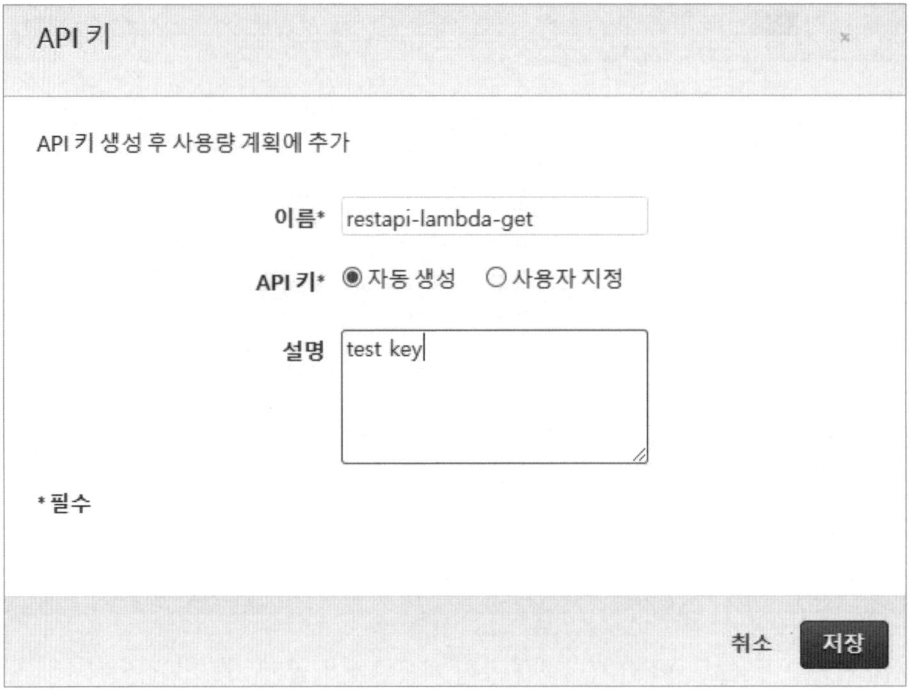
API 키
API 키 생성 후 사용량 계획에 추가
이름*
restapi-lambda-get
API 키*
자동 생성
사용자 지정
설명
test key
* 필수
취소
저장

[그림 12-79] API 키 생성

API 키를 생성하였으나 키에 대한 정보를 확인할 수 없다. API 키의 이름을 클릭한다.

restapi-lambda-get
작업
태그 구성
세부 정보
API 키
Marketplace
사용량 계획에 API 키 추가
API 키 생성 후 사용량 계획에 추가
API 키 검색
페이지당 결과 수
100
이름
restapi-lambda-get
사용량
확장
1페이지

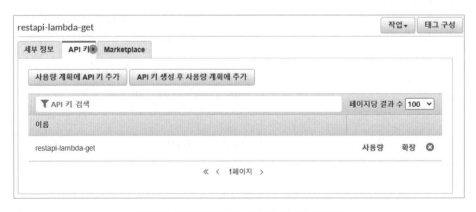

[그림 12-80] 사용량 계획 - 신규 생성한 API 키 확인

이동한 API 키 정보 페이지에서 API 키 '표시'를 클릭하여 API 키 값을 확인한다.

[그림 12-81] API 키 정보

'API 키' 생성과 '사용량 계획' 설정이 완료되었다. 이제 생성한 설정 값을 메소드에 적용시킨다. 메소드 화면에서 '메소드 요청' 박스의 타이틀을 클릭한다.

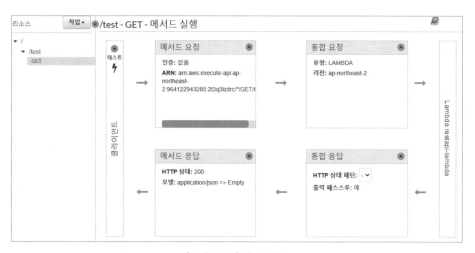

[그림 12-82] 메소드 정보

메소드 요청 설정 페이지에서 'API 키가 필요함'을 true로 변경한다.

[그림 12-83] 메소드 요청 설정

변경이 완료되었다면 변경한 메소드를 다시 배포한다.

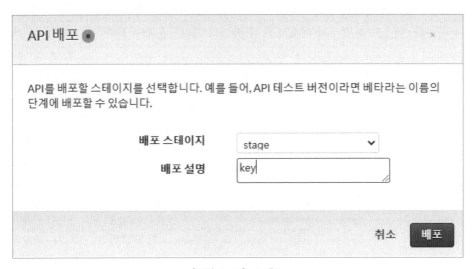

[그림 12-84] API 배포

다시 배포하고 GET으로 엔드 포인트에 접근하면 상태 값 403과 함께 오류를 확인할
수 있다.

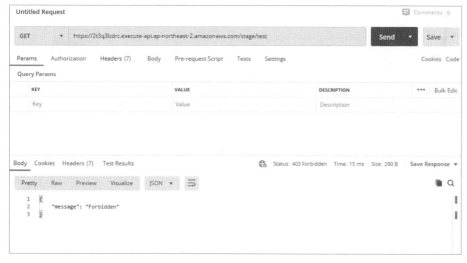

[그림 12-85] POSTMAN 테스트 - 403 에러

API 키 메뉴에서 API 키를 확인하고 해당 API 키 값을 같이 넘겨준다.

[그림 12-86] API 키 확인

Header에 'x-api-key'라는 키로 API 키를 담아서 다시 GET으로 엔드 포인트로 접근한다. 상태 값 200과 함께 API 키를 이용하여 인증이 잘 되었음을 확인할 수 있다.

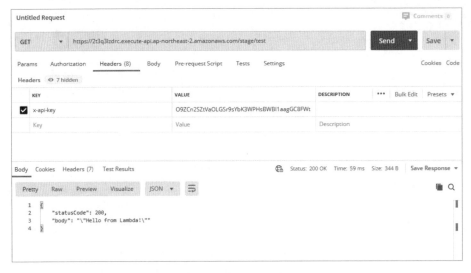

[그림 12-87] POSTMAN 테스트 - 200 OK

API Gateway를 이용하여 Lambda 함수에 값을 넘기기 위해 Lambda 함수의 소스를 수정한다.
소스는 간단하게 event 값을 json 형식으로 출력하는 것으로 수정한다.

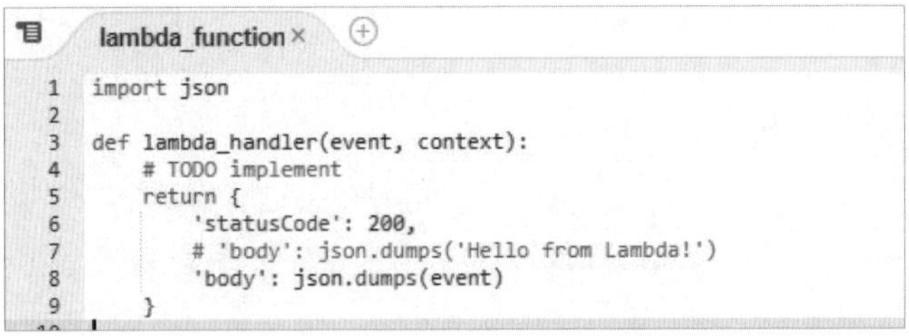

```python
import json

def lambda_handler(event, context):
    # TODO implement
    return {
        'statusCode': 200,
        # 'body': json.dumps('Hello from Lambda!')
        'body': json.dumps(event)
    }
```

[그림 12-88] Lambda 함수 소스 코드 수정

POSTMAN 에서 Body에 { "hello" : "serverless" } 라는 json 값을 작성하여 GET으로 엔드 포인트로 접근한다. Body를 이용하여 넘긴 json 값을 리턴하는 것을 확인할 수 있다.

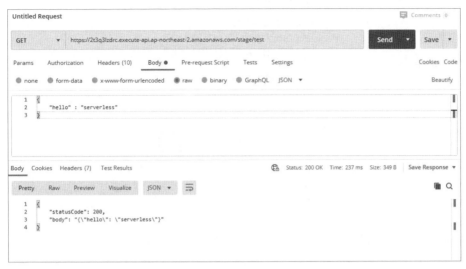

[그림 12-89] POSTMAN 테스트 - 수정한 Lambda 함수 실행 결과 확인

이번에는 HTTP API를 진행한다. HTTP API를 진행하기 위한 Lambda 함수를 생성한다.

[그림 12-90] Lambda 함수 생성

[그림 12-91] API Gateway 생성 - HTTP API 선택

API Gateway 생성 페이지에서 HTTP API 박스에 있는 '구축' 버튼을 클릭한다.

REST API 생성 때와 다르게 곧바로 통합할 서비스와 리전을 선택할 수 있다.
통합할 서비스를 Lambda로 선택하고 Lambda 함수 명을 입력한다. API 이름은
Lambda 함수와 동일하게 입력했다.

[그림 12-92] HTTP API - 생성

경로 구성
경로 구성
API Gateway는 경로를 사용하여 API 사용자에게 통합을 표시합니다. HTTP API에 대한 경로는 HTTP 메서드와 리소스 경로(예: GET /pets)의 두 부분으로 구성됩니다. 통합에 대한 특정 HTTP 메서드(GET, POST, PUT, PATCH, HEAD, OPTIONS 및 DELETE)를 정의하거나 ANY 메서드를 사용하여 지정된 리소스에서 정의하지 않은 모든 메서드를 일치시킬 수 있습니다.
메서드
리소스 경로
통합 대상
GET
/test
httpapi-lambda
제거
경로 추가
취소
이전
다음

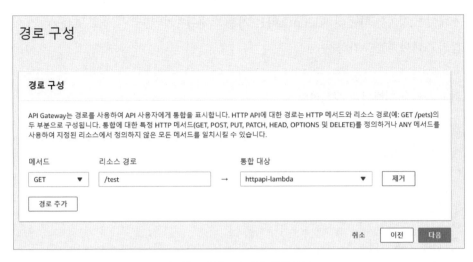

[그림 12-93] HTTP API - 경로 구성

HTTP API는 리소스 경로/메소드 생성 역시 바로 진행한다. 'GET' 메소드를 선택하고 '/test'라는 리소스 경로를 입력한다.

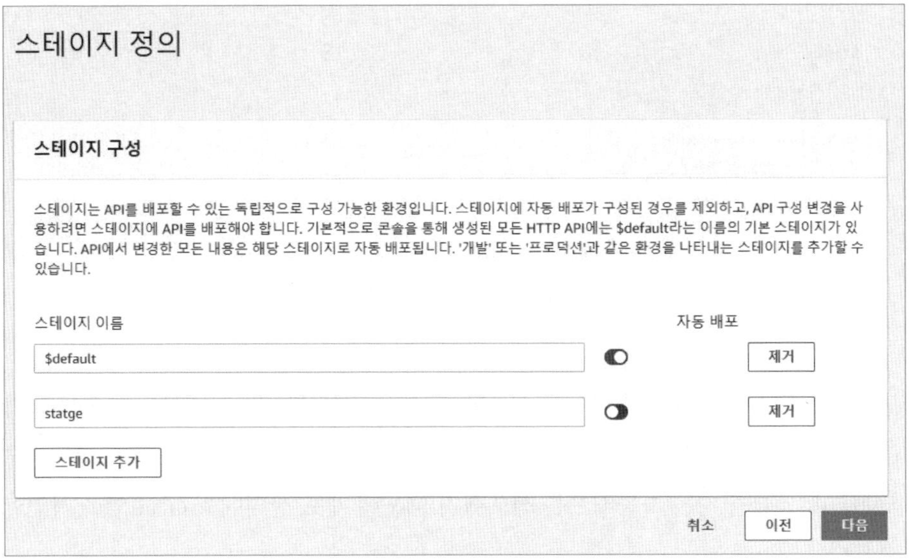

스테이지 정의
스테이지 구성
스테이지는 API를 배포할 수 있는 독립적으로 구성 가능한 환경입니다. 스테이지에 자동 배포가 구성된 경우를 제외하고, API 구성 변경을 사용하려면 스테이지에 API를 배포해야 합니다. 기본적으로 콘솔을 통해 생성된 모든 HTTP API에는 $default라는 이름의 기본 스테이지가 있습니다. API에서 변경한 모든 내용은 해당 스테이지로 자동 배포됩니다. '개발' 또는 '프로덕션'과 같은 환경을 나타내는 스테이지를 추가할 수 있습니다.
스테이지 이름
자동 배포
$default
제거
statge
제거
스테이지 추가
취소
이전
다음

[그림 12-94] HTTP API - 스테이지 정의

스테이지 정의를 하는데 '$default'라는 기본 스테이지가 있다. 추가로 'stage'라는 이름의 스테이지를 추가하자.

최종 검토를 진행하고 생성한다.

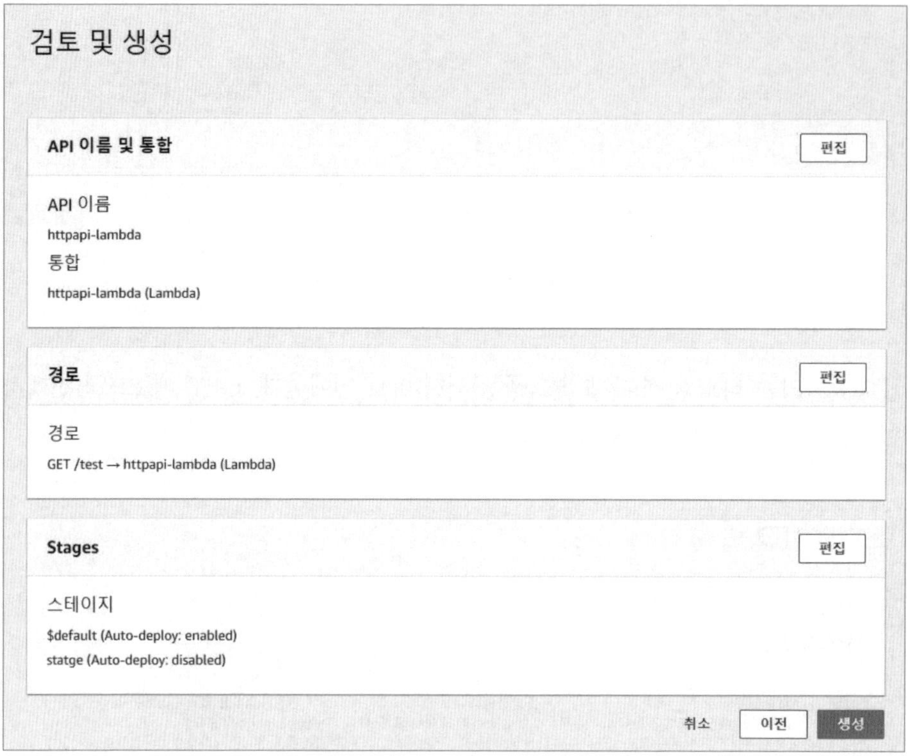

검토 및 생성

API 이름 및 통합	편집

API 이름
httpapi-lambda
통합
httpapi-lambda (Lambda)

경로	편집

경로
GET /test → httpapi-lambda (Lambda)

Stages	편집

스테이지
$default (Auto-deploy: enabled)
statge (Auto-deploy: disabled)

취소　이전　생성

[그림 12-95] HTTP API - 검토 및 생성

생성한 API의 세부 정보 페이지로 이동된다. 세부 정보에는 생성된 엔드 포인트를 확인할 수 있다.
'$default' 스테이지는 자동배포를 선택했기 때문에 배포 상태에 enable임을 확인할 수 있다.
POSTMAN을 이용하여 엔드 포인트로 접근한다.

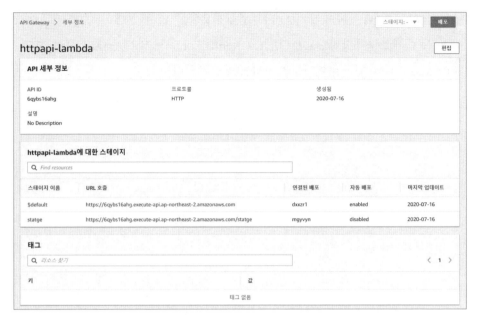

[그림 12-96] API Gateway - HTTP API 세부 정보

생성된 엔드 포인트로 접근하면 Lambda 함수의 실행 결과 값을 확인할 수 있다.

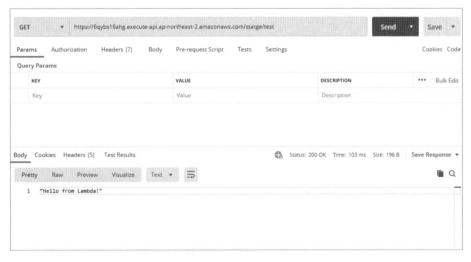

[그림 12-97] POSTMAN 테스트 - HTTP API 확인

HTTP API는 REST API와 같이 API KEY를 사용할 수 없다. 2020년 07월 기준으로 제공되는 액세스제어 방법으로는 OIDC(OpenID Connect) 및 OAuth2.0으로 JWT(-JSON Web Token) 권한 부여자를 사용하는 방법이 있다.

## CHAPTER 13

실습 예제

13.1 AWS Lambda로 Thumbnail image 자동 생성하기

쇼핑몰의 리스트에서는 작은 이미지로 상품을 표현하고 상품 가격, 설명 등을 제공한다. 이를 보고 사용자는 상품 구매/정보 페이지로 이동을 한다. 작은 화면을 제공하는 이미지가 리스트로 나열되는데 고품질의 이미지 파일을 사용자에게 제공한다면 그 부담은 온전히 사용자에게 간다. 이때 사용하는 것이 썸네일^{Thumbnail} 이미지이다.

썸네일 이미지, 상세 내용 이미지 등 직접 제작하여 업로드를 할 수 있지만 이를 자동화하면 더 짧은 시간 안에 많은 업무를 처리할 수 있다. 이번 예제는 Amazon S3 버킷에 이미지를 업로드하고, Amazon S3가 AWS Lambda에 Trigger 하여 다른 S3 버킷에 Thumbnail 이미지를 업로드하는 내용이다.

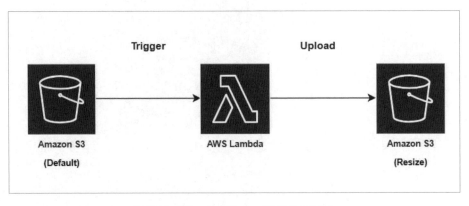

[그림 13-1] Thumbnail image 자동생성 프로세스

IAM^{Identity and Access}의 콘솔 매니지먼트 서비스 화면으로 접근한다.

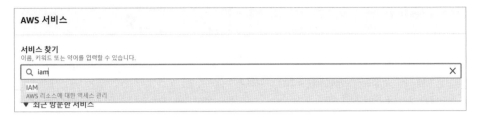

[그림 13-2] IAM 서비스 접근

좌측 메뉴에서 액세스 관리> 역할을 접근한다.

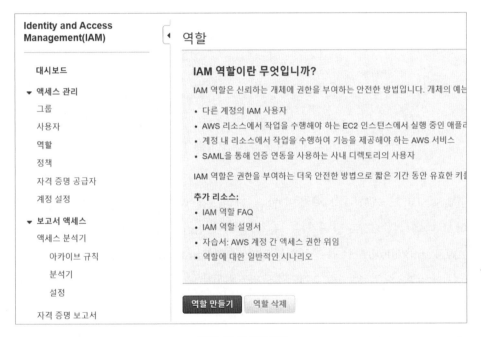

[그림 13-3] 역할 생성

'역할 만들기'를 클릭하여 새로운 역할을 만든다.

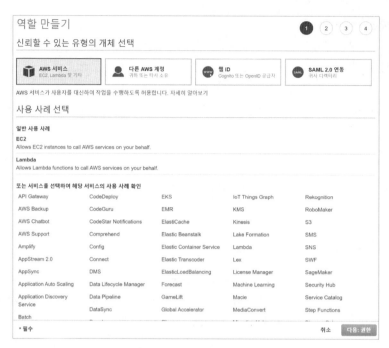

[그림 13-4] 역할 생성 1단계

'AWS 서비스 역할'을 선택하면 많은 서비스를 나열해준다. Lambda를 선택하고 다음(권한)으로 넘어간다. 정책 필터에 'LambdaFull' 이라고 검색하면 'AWSLambdaFullAccess'이 필터링 된다. 'AWSLambdaFullAccess'를 선택한다. (정확한 명칭으로 검색할 수도 있지만 정책 명을 외우기에는 다소 어려움이 있다.)

[그림 13-5] 역할 생성 2단계(Lambda 권한)

검색한 내용을 모두 지우고 이번에는 's3full'을 입력하여 'AmazonS3FullAccess'를
찾아 체크 한다.

[그림 13-6] 역할 생성 2단계 (S3 권한)

다음에는 태그를 입력할 수 있는데, 해당 예제를 진행할 때는 넣지 않겠다.

[그림 13-7] 태그 입력

마지막으로 검토를 진행한다. 이때 역할 이름과 역할 설명을 넣는다. 하단에는 선택한
정책이 노출된다. 'AWSLambdaFullAccess'와 'AmazonS3FullAccess'가 잘 선택되
었는지 확인하자.

[그림 13-8] 역할 생성 최종 검토

역할이 성공적으로 생성되면 역할 리스트에 나타난다.

[그림 13-9] 생성한 역할 확인

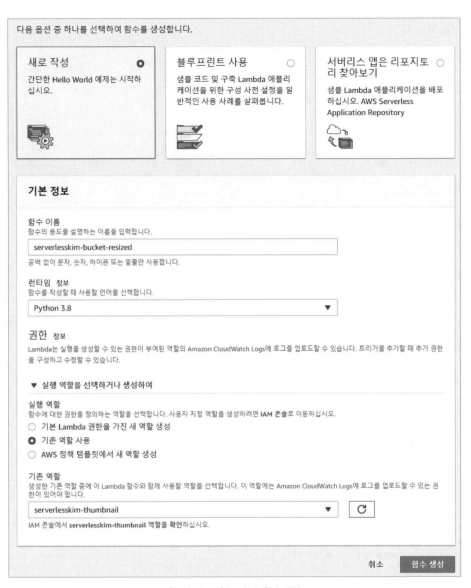

다음 옵션 중 하나를 선택하여 함수를 생성합니다.

새로 작성 ◉
간단한 Hello World 예제는 시작하십시오.

블루프린트 사용 ○
샘플 코드 및 구축 Lambda 애플리케이션을 위한 구성 사전 설정을 일반적인 사용 사례를 살펴봅니다.

서버리스 앱은 리포지토리 찾아보기 ○
샘플 Lambda 애플리케이션을 배포하십시오. AWS Serverless Application Repository

기본 정보

함수 이름
함수의 용도를 설명하는 이름을 입력합니다.

```
serverlesskim-bucket-resized
```

공백 없이 문자, 숫자, 하이픈 또는 밑줄만 사용합니다.

런타임 정보
함수를 작성할 때 사용할 언어를 선택합니다.

```
Python 3.8                                              ▼
```

권한 정보
Lambda는 실행을 생성할 수 있는 권한이 부여된 역할의 Amazon CloudWatch Logs에 로그를 업로드할 수 있습니다. 트리거를 추가할 때 추가 권한을 구성하고 수정할 수 있습니다.

▼ 실행 역할을 선택하거나 생성하여

실행 역할
함수에 대한 권한을 정의하는 역할을 선택합니다. 사용자 지정 역할을 생성하려면 **IAM** 콘솔로 이동하십시오.
○ 기본 Lambda 권한을 가진 새 역할 생성
◉ 기존 역할 사용
○ AWS 정책 템플릿에서 새 역할 생성

기존 역할
생성한 기존 역할 중에 이 Lambda 함수와 함께 사용할 역할을 선택합니다. 이 역할에는 Amazon CloudWatch Logs에 로그를 업로드할 수 있는 권한이 있어야 합니다.

```
serverlesskim-thumbnail                                 ▼     ⟳
```

IAM 콘솔에서 **serverlesskim-thumbnail** 역할을 확인하십시오.

취소   함수 생성

[그림 13-10] Lambda 함수 생성

다음은 Lambda를 신규 생성한다. 함수 이름을 넣고, 런타임을 선택한다. 런타임은 Python 3.8을 선택하고, 실행 역할을 선택할 때 바로 전에 만든 역할을 선택한다. 브라우저의 탭을 새로 열어 Console Management에서 Amazon S3 메뉴로 접근한다.

[그림 13-11] Amazon S3 매니지먼트 콘솔 기본 페이지

버킷 만들기를 클릭하여 새로운 버킷을 2개 생성한다. 하나는 일반 버킷이고, 다른 하나는 썸네일 이미지를 저장할 버킷이다. (구분하기 쉽게 썸네일 버킷은 'resize'를 넣는다.)

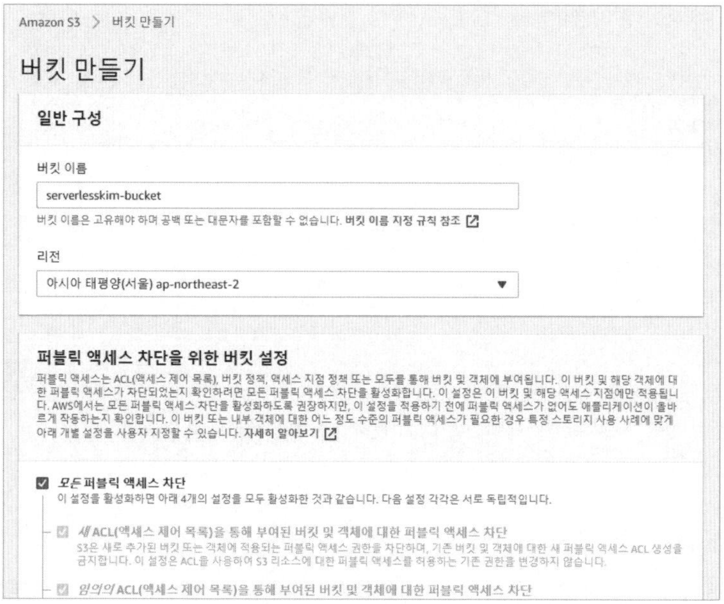

[그림 13-12] 버킷 생성 (기본)

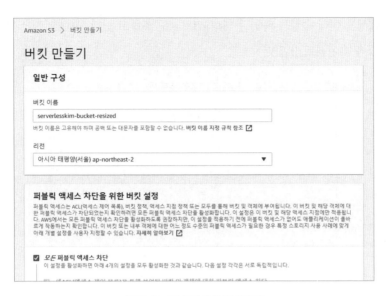

[그림 13-13] 버킷 생성 (리사이즈)

일반 버킷을 클릭하고 속성 탭으로 이동한다.

[그림 13-14] 리사이즈 버킷 속성

속성 탭에서는 여러 속성을 타일 형태의 UI로 제공해주고 있다. 하단으로 스크롤을 내리면 '고급속성-이벤트'가 있다.

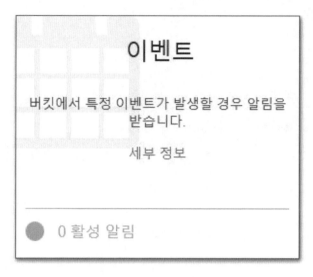

[그림 13-15] 속성 - 이벤트

이벤트를 선택하고 '알림 추가'를 한다.

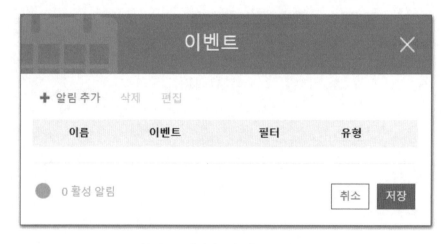

[그림 13-16] 이벤트 알람 추가 레이어 팝업

속성의 이름을 넣고 이벤트에서 '모든 객체 생성 이벤트', '모든 객체 삭제 이벤트'를 선택한다.

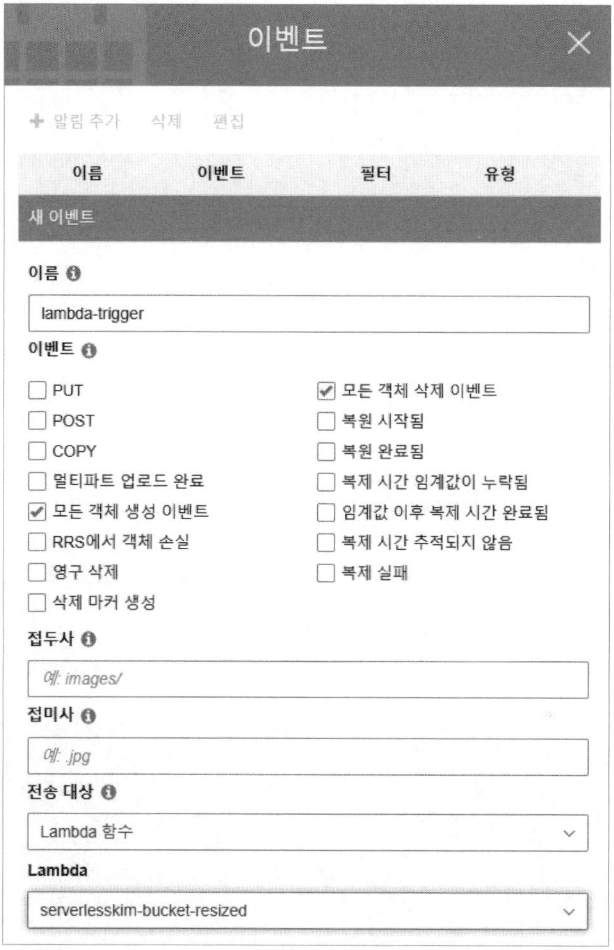

[그림 13-17] 이벤트 등록

전송 대상을 'Lambda 함수'로 선택하고 하단의 Select box에서 생성한 Lambda를 선택한다. 버킷 생성 및 속성 설정을 완료하였다. 다시 생성한 Lambda 함수로 돌아간다. Lambda를 '새로 고침'하면 트리거에 S3가 추가된 것을 확인할 수 있다.

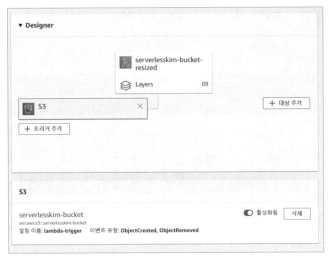

[그림 13-18] Lambda 함수 Trigger 확인

이제 S3에 원하는 이미지 파일을 업로드해보자.

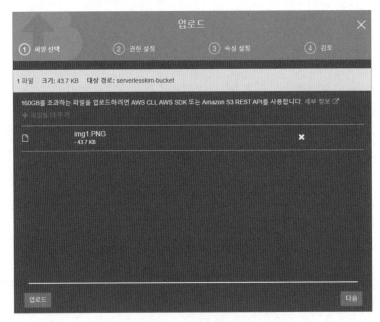

[그림 13-19] 파일 업로드

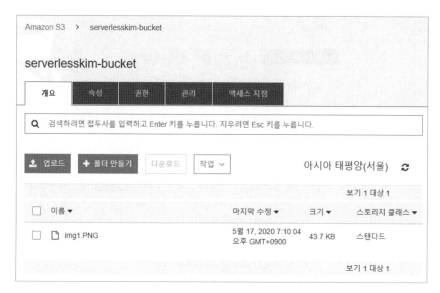

[그림 13-20] 업로드 확인

업로드에 성공했다. 그럼 Lambda 함수가 실행이 되었을까?

CloudWatch의 Console Management로 접속하여 좌측 메뉴에서 '로그-로그 그룹'으로 접근하여 트리거로 설정한 Lambda의 로그를 확인한다.

[그림 13-21] Cloud Watch 로그 확인

[그림 13-22] Cloud Watch 로그 그룹 검색

방금 실행한 것으로 로그가 기록된 것을 확인할 수 있다. 이제 Lambda 함수에 소스코
드를 입력하고 저장한다.

소스는 AWS 개발자 가이드에서 제공해주고 있다.
https://docs.aws.amazon.com/ko_kr/lambda/latest/dg/with-s3-example-
deployment-pkg.html#with-s3-example-deployment-pkg-python

```python
import boto3
import os
import sys
import uuid
from urllib.parse import unquote_plus
from PIL import Image
import PIL.Image
```

```python
s3_client = boto3.client('s3')

def resize_image(image_path, resized_path):
    with Image.open(image_path) as image:
        image.thumbnail(tuple(x / 2 for x in image.size))
        image.save(resized_path)

def lambda_handler(event, context):
    for record in event['Records']:
        bucket = record['s3']['bucket']['name']
        key = unquote_plus(record['s3']['object']['key'])
        tmpkey = key.replace('/', '')
        download_path = '/tmp/{}{}'.format(uuid.uuid4(), tmpkey)
        upload_path = '/tmp/resized-{}'.format(tmpkey)
        s3_client.download_file(bucket, key, download_path)
        resize_image(download_path, upload_path)
            s3_client.upload_file(upload_path, '{}-resized'.
format(bucket), key)
```

[그림 13-23] Lambda 함수 Source Code 수정

일반 버킷으로 생성한 버킷에 이미지를 올리고 CloudWatch 로그를 확인해보면 오류가 발생했다.

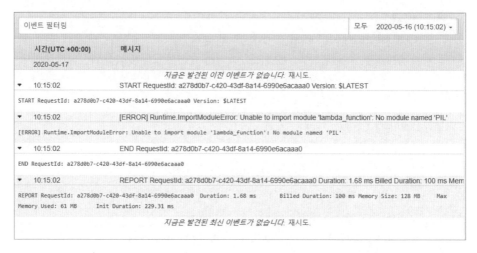

[그림 13-24] CloudWatch 로그 확인

오류 내용을 보면 PIL이라는 Module이 없다는 것이다. 소스에서는 PIL이라는 라이브러리를 참조하고 있다. 이를 해결하기 위해 라이브러리를 패키징 하여 업로드한다. 패키징 하는 방법에는 여러 방법이 있는데 Docker를 활용하여 패키징 하는 방법을 이용할 것이다.

c드라이브에 'dockerfiledown' 폴더를 만들고 순서대로 실행하고, 다운로드한 파일을 압축하여 레이어로 업로드를 진행한다.

```
docker run --name lambda-img -it lambci/lambda:build-python3.8
bash
mkdir -p opt/python
pip install pillow -t opt/python
pip install boto3 -t opt/python
```

```
cd opt
ls
exit

docker container cp lambda-img:/var/task/opt/python c:/
dockerfiledown
```

계층 생성

Lambda > 계층 > 계층 생성

계층 생성

계층 구성

이름

```
docker-lambda-img-PIL
```

설명 - *선택 사항*

```
설명
```

⦿ .zip 파일 업로드
◯ Amazon S3에서 파일 업로드

[⤒ 업로드]   python.zip (10.8 MB)

10MB가 넘는 파일의 경우, Amazon S3를 사용한 업로드를 고려하십시오.

호환 런타임 - *선택 사항* 정보
최대 5개의 런타임을 선택합니다.

```
실행 시간                                      ▼
```

[Python 3.8 ✕]

라이선스 - *선택 사항* 정보

```


```

[취소]   [생성]

[그림 13-25] PIL 라이브러리 Layer 등록

등록된 Layer를 확인한다.

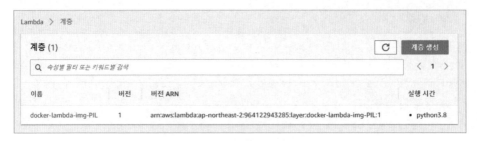

[그림 13-26] Layer 확인

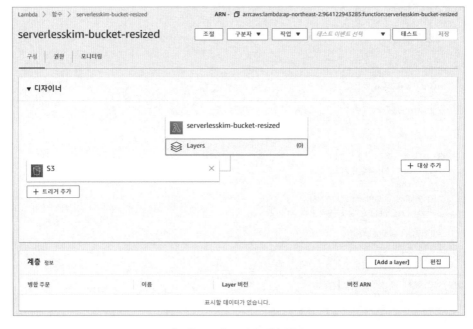

[그림 13-27] Lambda 함수 정보

구성 탭에서 디자이너 영역에 Lambda 함수 명 밑에 'Layers'를 클릭하여 Layer를 등록한다.

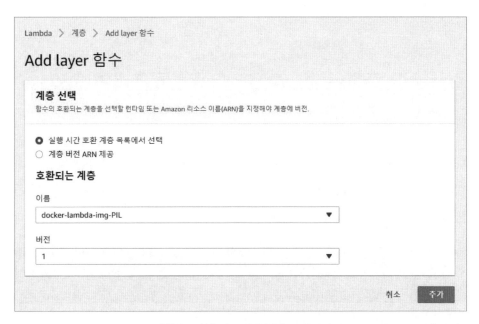

[그림 13-28] Lambda 함수 - Layer 추가

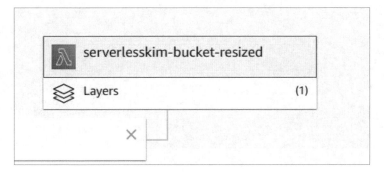

[그림 13-29] Layer 확인

자신이 생성한 Layer의 이름과 버전을 선택하고 '추가'를 진행한다.

레이어가 추가되면 [그림 13-29]와 같이 Layers에 (1)이라는 1개의 레이어를 사용하는 의미를 표현해준다.

병합 주문	이름	Layer 버전	버전 ARN
1	docker-lambda-img-PIL	1	arn:aws:lambda:ap-northeast-2:964122943285:layer:docker-lambda-img-PIL:1

[그림 13-30] Lambda 함수에 등록된 Layer 정보 확인

Layers를 클릭하면 추가한 계층 정보를 확인할 수 있다. 정확한 테스트를 위해 큰 이미지를 이용한다. Google에 '저작권 없는 이미지'를 검색하면 무료로 사용 가능한 이미지를 제공해주는 웹 사이트를 추천해준다.

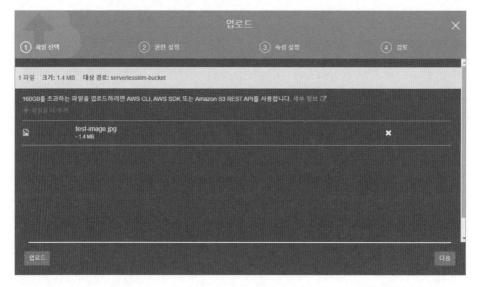

[그림 13-31] 파일 업로드

파일을 업로드하고 리사이징 해서 저장하는 버킷을 확인한다.

[그림 13-32] 리사이징 파일 확인

최초 업로드에는 1.4MB의 파일을 업로드 하였으나 썸네일 이미지로 저장된 파일은 약 200KB이다.

13.2 AWS Lambda와 Amazon SES로 이메일 발송하기

우리는 서비스를 가입할 때 인증을 받는다. 현재 많은 인증수단이 있지만 아직도 널리 사용되고 있는 방법 중 하나가 '이메일 인증'이다. 또한 각 서비스별 마케팅 이메일, 주 문확인서 이메일, 뉴스레터 등 많이 사용하고 있다. 이번 실습을 통해 AWS 서비스를 활용하여 이메일 발송을 진행한다.

이메일 사용에 사용되는 서비스는 Amazon SES^{Simple Email Service}이다.

[그림 13-33] Amazon SES

Amazon Simple Email Service란 사용자의 이메일 주소, 도메인을 사용하여 이메일을 주고받을 수 있는 이메일 플랫폼이다. Amazon SES 역시 사용한 만큼 비용을 지불하면 된다. 특히 AWS의 EC2(인스턴스서버)를 이용하고 있다면 Amazon SES를 사용하여 추가비용 없이 매월 62,000개의 이메일을 전송할 수 있다.

최초 사용 시 도메인 확인 과정을 진행해야 하며, 이메일 주소 인증도 진행해야 한다.

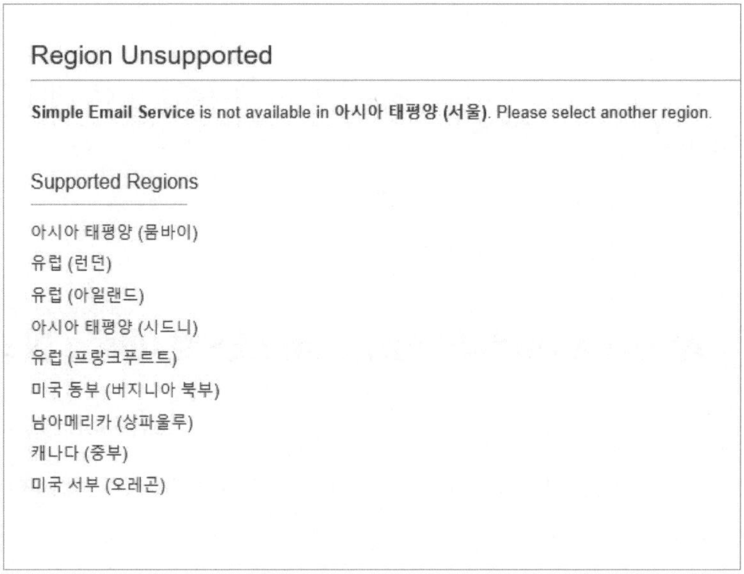

Region Unsupported

Simple Email Service is not available in 아시아 태평양 (서울). Please select another region.

Supported Regions

아시아 태평양 (뭄바이)
유럽 (런던)
유럽 (아일랜드)
아시아 태평양 (시드니)
유럽 (프랑크푸르트)
미국 동부 (버지니아 북부)
남아메리카 (상파울루)
캐나다 (중부)
미국 서부 (오레곤)

[그림 13-34] 리전 선택

Amazon SES를 이용하기 위해 접근하면 사용 가능한 리전을 선택할 수 있다. 이번 실습에서는 미국 서부(오레곤)을 이용한다.

(2020년 07월부터 아시아태평양(서울) 리전을 지원하기 시작했다.)

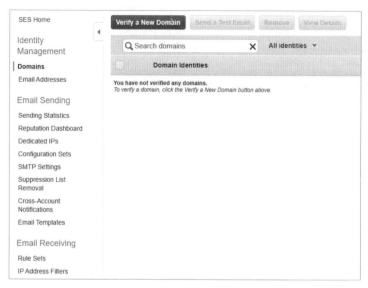

[그림 13-35] 도메인

좌측 메뉴 중 Domains에서 우리가 사용하는 도메인을 인증 받는다.

(실습을 진행함에 사용하는 도메인이 없다면 편한 경로를 통해 도메인을 구매하여 사용하길 바란다.)

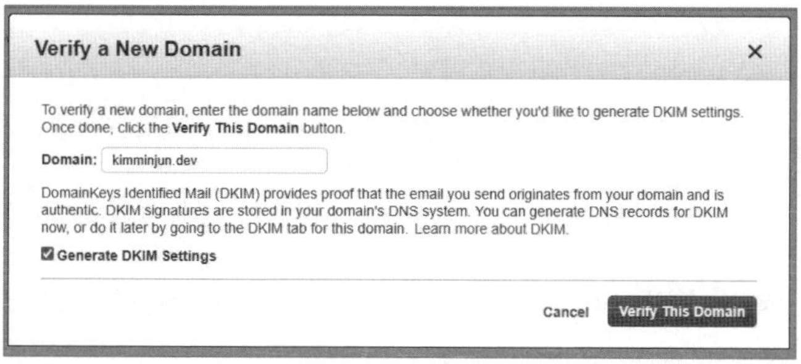

[그림 13-36] 도메인 입력

Verify a New Domain을 진행하는데 이때 도메인을 입력하고 Generate DKIM Settings를 체크한다. DKIM이란 Domain Keys Identified Mail의 약자로 메일 발송자의 도메인과 메일 내용의 무결성을 검증하는 것이다. 쉽게 표현하자면 스팸메일을 차단하기 위한 것이다.

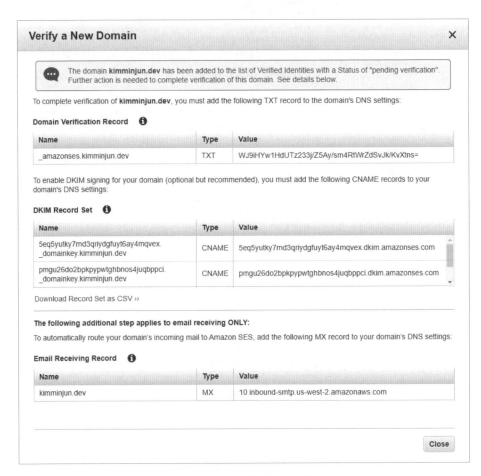

[그림 13-37] 도메인 입력 (레코드)

도메인을 등록하면 각각의 레코드를 부여한다. 이를 각각 소유하고 있는 도메인 관리를 통해 DNS에서 등록해준다. 처음에는 모두 인증되지 않아 사용할 수 없다.

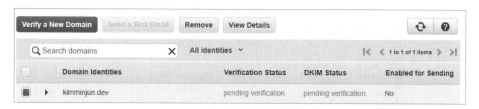

[그림 13-38] 인증 되지 않은 도메인

도메인 관리의 DNS 설정을 완료했다면 인증되는 시간이 있다. 적정 시간이 지나면 인증이 완료되었다는 것을 확인할 수 있다.

[그림 13-39] 인증된 도메인

이메일 주소를 등록해야 한다. 이때 등록한 이메일 주소로 테스트 메일 발송을 진행할 수 있다.

[그림 13-40] 이메일 주소 등록

개인적으로 사용하고 있는 이메일 주소 1개를 입력한다.

[그림 13-41] 이메일 주소 등록 팝업

이메일을 등록하면 수신된 메일을 통해 인증절차를 진행해야 한다. 등록한 이메일의
수신함에 존재하는 AWS 인증 메일을 확인한다.

[그림 13-42] 이메일 인증 여부

이메일 내용의 중간쯤 자리하고 있는 링크를 통해 인증을 완료하면 '인증 완료' 화면을
볼 수 있다.

[그림 13-43] 이메일 주소 등록 팝업

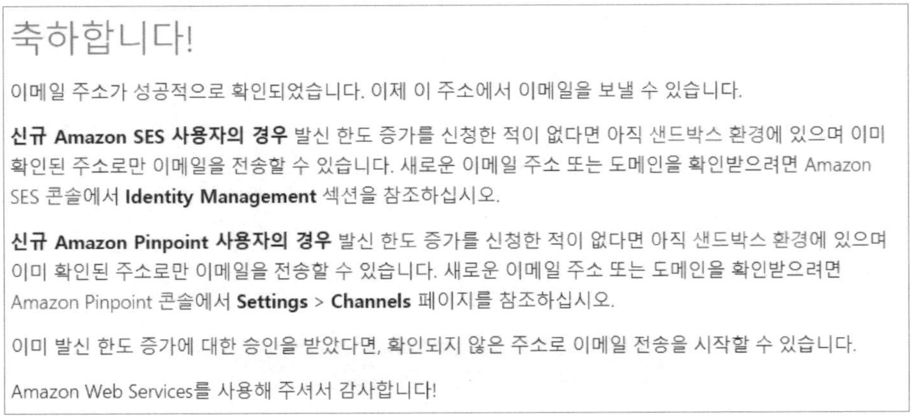

축하합니다!
이메일 주소가 성공적으로 확인되었습니다. 이제 이 주소에서 이메일을 보낼 수 있습니다.
신규 Amazon SES 사용자의 경우 발신 한도 증가를 신청한 적이 없다면 아직 샌드박스 환경에 있으며 이미 확인된 주소로만 이메일을 전송할 수 있습니다. 새로운 이메일 주소 또는 도메인을 확인받으려면 Amazon SES 콘솔에서 Identity Management 섹션을 참조하십시오.
신규 Amazon Pinpoint 사용자의 경우 발신 한도 증가를 신청한 적이 없다면 아직 샌드박스 환경에 있으며 이미 확인된 주소로만 이메일을 전송할 수 있습니다. 새로운 이메일 주소 또는 도메인을 확인받으려면 Amazon Pinpoint 콘솔에서 Settings > Channels 페이지를 참조하십시오.
이미 발신 한도 증가에 대한 승인을 받았다면, 확인되지 않은 주소로 이메일 전송을 시작할 수 있습니다.
Amazon Web Services를 사용해 주셔서 감사합니다!

[그림 13-44] 인증 완료 화면

Verify a New Email Address
Send a Test Email
Remove
View Details
Search email addresses
All identities
1 to 1 of 1 items
Email Address Identities
Verification Status
serverless.kim@gmail.com
verified

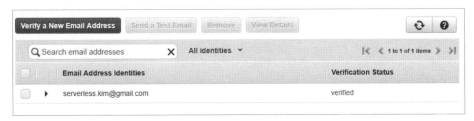

[그림 13-45] 이메일 인증 완료

인증이 완료되면 상태 값에 인증 완료로 변경된 것을 확인할 수 있다. 추가로 등록한 도메인의 이메일 주소 1개를 등록하고 동일하게 인증 절차를 진행한다. 이때 등록한 이메일로 발송을 할 수 있다. (도메인 이메일을 사용하지 않고 있다면 각자 사용하는 도메인 관리를 통해 이메일 포워딩을 등록한다.)

Verify a New Email Address
Send a Test Email
Remove
View Details
Search email addresses
All identities
1 to 2 of 2 items
Email Address Identities
Verification Status
serverless.kim@gmail.com
verified
test@kimminjun.dev
pending verification (resend)

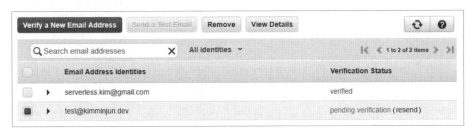

[그림 13-46] 도메인 이메일 추가 등록

여기서 끝이 아니다. Amazon SES에는 샌드박스 환경이 있다. 고객을 도용하고 침해하는 등의 사고를 방지하고 ISP/이메일 수신자에게 신뢰를 주기 위해 Amazon SES에서 기본적으로 제약하는 것이다. 기본적으로 등록하고 인증이 완료된 이메일에만 메일 송수신이 가능하며, 하루 최대 200개 사용 등의 제약조건이 있다. 서비스를 제공하고 있다면 샌드박스 해제는 필수로 진행되어야 한다. 우측상단의 '지원' 버튼을 클릭하고 '지원 센터'로 이동한다.

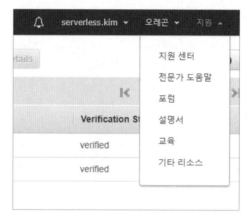

[그림 13-47] 상단 메뉴 - 지원 센터 접근

AWS 지원센터 화면에서 Open support cases의 영역에서 'Create case'를 클릭한다.

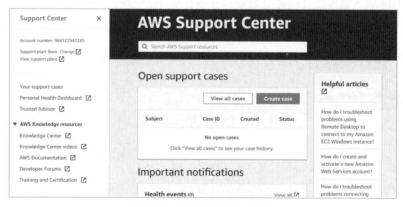

[그림 13-48] 지원센터 메인 페이지

Create case를 선택할 수 있는데 AWS SES를 포함하여 기본적으로 제한적인 환경으로 여러 서비스를 제공하고 있기 때문에 선택할 수 있는 케이스로 등록됨을 확인할 수 있다. Service limit increase를 클릭한다.

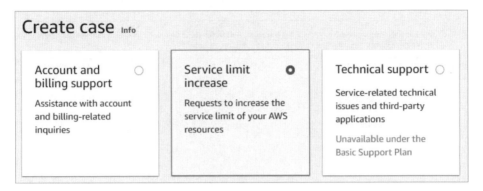

[그림 13-49] 문의 케이스

Case classification에서 Limit type을 선택하는데 Select box를 누르면 아주 많은 선택사항이 나온다. 'SES'를 입력하면 필터링 되어 'SES Sending Limits'를 선택할 수 있다.

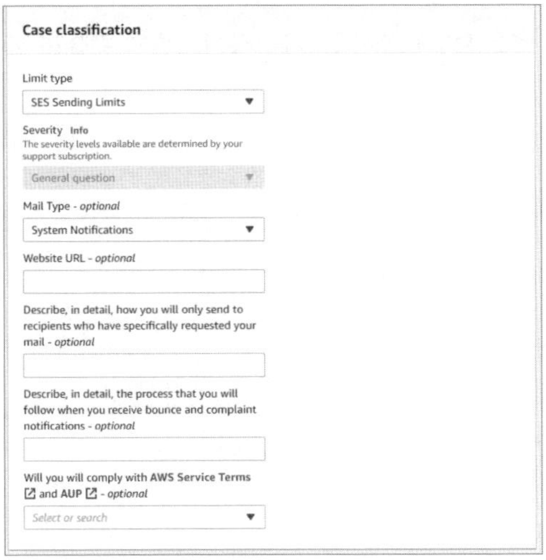

[그림 13-50] 문의 내용 입력

Requests에서는 Region을 선택하는데 우리는 미국 서부의 Oregon 리전을 이용하기에 'US West(Oregon)'을 선택하자.

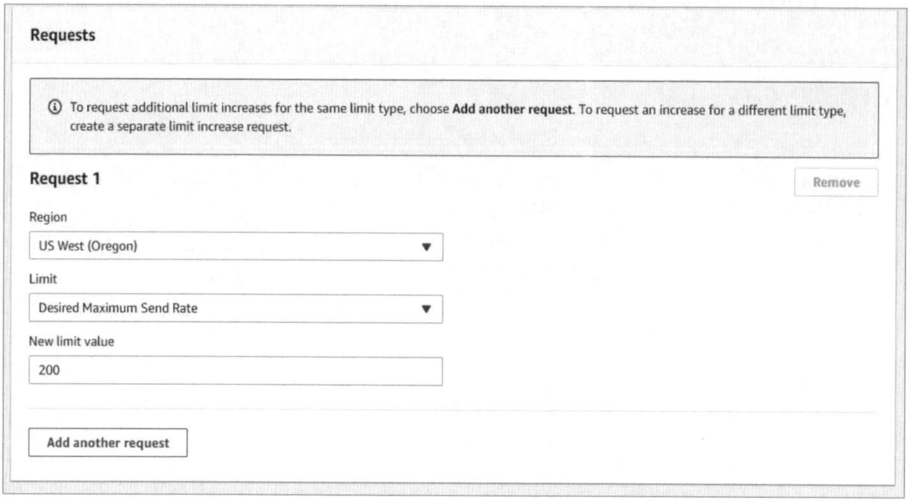

Requests

ⓘ To request additional limit increases for the same limit type, choose **Add another request**. To request an increase for a different limit type, create a separate limit increase request.

Request 1   Remove

Region
US West (Oregon)   ▼

Limit
Desired Maximum Send Rate   ▼

New limit value
200

Add another request

[그림 13-51] 문의 내용 입력

Case description을 입력하는 것이 가장 중요한 단계이다. 이는 어떠한 방식으로 Amazon SES를 통해 이메일을 발송할 것인지 작성한다. 만약 해당사항을 제대로 작성하지 않는다면 거절당하기에 내용을 기입한다. 가장 중요한 것은 다음의 2가지 사항이다.

1. 메일을 구체적으로 요청한 수신자에게만 발송하는가?
2. 반송 및 컴플레인 처리 절차가 있는가?

이에 대한 내용을 작성하는데 한글로 작성해도 무관하다. 그러나 정확한 표현을 위해 영어와 함께 작성하거나, 영어로만 작성해도 좋다.

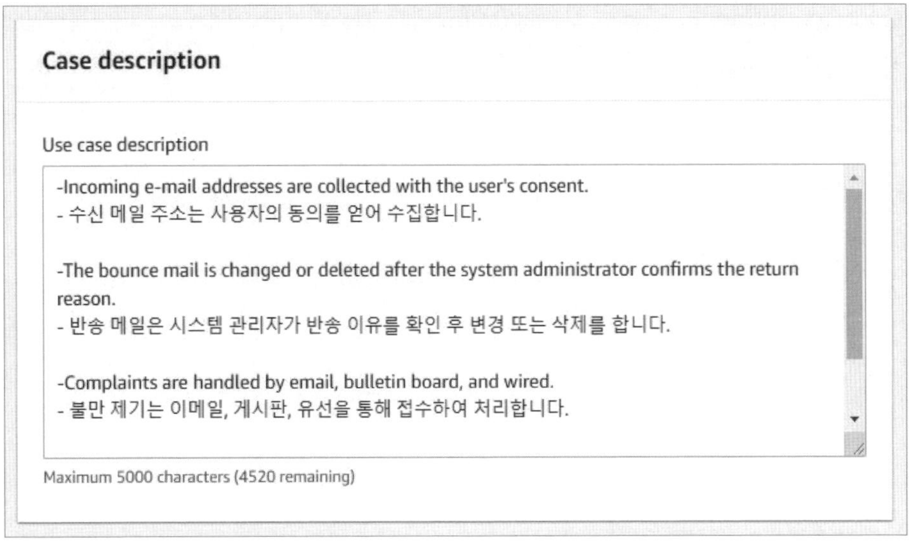

Case description

Use case description

-Incoming e-mail addresses are collected with the user's consent.
- 수신 메일 주소는 사용자의 동의를 얻어 수집합니다.

-The bounce mail is changed or deleted after the system administrator confirms the return
reason.
- 반송 메일은 시스템 관리자가 반송 이유를 확인 후 변경 또는 삭제를 합니다.

-Complaints are handled by email, bulletin board, and wired.
- 불만 제기는 이메일, 게시판, 유선을 통해 접수하여 처리합니다.

Maximum 5000 characters (4520 remaining)

[그림 13-52] 문의내용 작성

> **참고**
>
> **작성 예시**
>
> - Incoming e-mail addresses are collected with the user's consent.
> - 수신 메일 주소는 사용자의 동의를 얻어 수집합니다.
> - The bounce mail is changed or deleted after the system administra-
> tor confirms the return reason.
> - 반송 메일은 시스템 관리자가 반송 이유를 확인한 후 변경 또는 삭제를 합니
> 다.
> - Complaints are handled by email, bulletin board, and wired.
> - 불만 제기는 이메일, 게시판, 유선을 통해 접수하여 처리합니다.
> - Increasing capacity specified in the above request was calculated in
> anticipation of the maximum.
> - 위의 요청에 명시한 증가 용량은 최대치를 예상하여 산정했습니다.

Contract options는 영어와 일본어만 제공되기 때문에 자신에게 조금 더 편한 언어를 선택하면 된다.

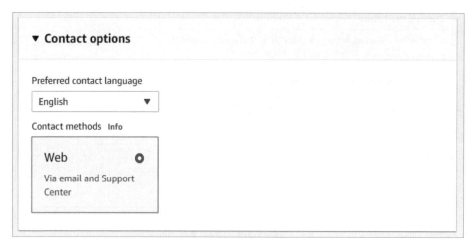

[그림 13-53] 작성 마지막

이렇게 고객센터를 통해 샌드박스 해지요청을 하였는데, 실시간으로 절차를 밟는 것이 아니기에 약 1~2일을 기다려야 한다. 샌드박스 해지가 완료되면 이메일을 통해 안내해주며, 고객센터에서 등록한 문의내용에 처리완료로 상태 값이 변경된다.

[그림 13-54] 문의 접수 리스트

이제 메일을 발송하는 Lambda 함수를 생성할 것이다. 주의해야 할 점은 리전을 한국 (서울)이 아닌 미국 서부(오레곤)으로 접근해서 생성해야 한다는 것이다.

[그림 13-55] Lambda 생성

Lambda 함수의 권한을 등록한다. 실행 역할에서 역할 이름을 클릭하면 IAM 화면으로 이동된다.

[그림 13-56] 권한 설정

따로 정책을 정하지 않아 해당 역할은 Lambda 함수에 대한 권한만 갖고 있다. Amazon SES를 호출하기 위한 정책을 추가하기 위해 '정책 연결' 버튼을 클릭한다.

[그림 13-57] 역할 수정

'SES'로 검색어를 입력하여 필터링 된 정책 중 'AmazonSESFullAccess'를 선택하여 등록한다.

[그림 13-58] Amazon SES 권한 추가

권한이 추가되면 다시 Lambda 함수 내의 권한 탭에서 리소스 요약 버튼을 클릭하여
정상적으로 추가되었는지 확인한다.

[그림 13-59] 등록된 리소스 확인

```
import json
import boto3
from botocore.exceptions import ClientError


def lambda_handler(event, context):
```

```python
# 발신자 이메일 주소
SENDER = "test@kimminjun.dev"
# 수신자 이메일 주소
RECIPIENT = "serverless.kim@gmail.com"
# 리전
AWS_REGION = "us-west-2"
# 메일 제목
SUBJECT = "테스트 메일 발송"
# HTML이 제공되지 않는 메일 수신자를 위한 TEXT.
BODY_TEXT = ("SES를 통한 메일 발송 ")
# HTML을 이용한 메일 본문
BODY_HTML = """<html>
<head></head>
<body>
<h1>SES로 메일을 발송했습니다. </h1>
<p>안녕하세요? </p>
</body>
</html>
            """
# 인코딩
CHARSET = "UTF-8"
# boto3를 이용한 클라이언트 설정
client = boto3.client('ses',region_name=AWS_REGION)

# 메일 발송
try:
    print('try')
    response = client.send_email(
        Destination={
            'ToAddresses': [
```

```python
                RECIPIENT,
            ],
        },
        Message={
            'Body': {
                'Html': {
                    'Charset': CHARSET,
                    'Data': BODY_HTML,
                },
                'Text': {
                    'Charset': CHARSET,
                    'Data': BODY_TEXT,
                },
            },
            'Subject': {
                'Charset': CHARSET,
                'Data': SUBJECT,
            },
        },
        Source=SENDER
    )
# 오류 발생 확인
except ClientError as e:
    print(e.response['Error']['Message'])
else:
    print("Email sent! Message ID:"),
    print(response['MessageId'])

return {
    'statusCode': 200,
```

```
            'body': json.dumps('success')
    }
```

[그림 13-60] 테스트 결과

소스코드를 저장하고 테스트를 진행한다.

실행 결과 메일 발송이 완료되었다. 발송한 메일을 확인한다.

[그림 13-61] Lambda 생성

13.3 AWS CloudFront와 Lambda@Edge

Amazon CloudFront는 AWS의 CDN서비스이다. CDN이란 'Content Delivery Network'의 약자로 전 세계에 분산되어 있는 서버 네트워크이다. CDN은 사용자가 리소스를 다운로드할 수 있는 대체 서버 노드를 제공한다. 이 노드는 전 세계에 배치되어 있어 지리적인 문제로 멀리 떨어져 있는 곳에도 빠른 응답속도와 다운로드 시간을 제공하여 사용자로 하여금 더 빠른 응답을 줄 수 있다. 예를 들어 미국에서 서비스 중인 사이트를 한국에서 접근하면 느린 것이 당연하다. 그러나 CDN을 이용하면 한국에 있는 혹은 한국에서 가까운 서버로 접근함으로써 조금 더 빠른 응답속도를 보여준다.

CDN의 가장 큰 특징은 캐시 처리인데, 해당 사용자가 접근한 기록이 있으면 해당 노드에서 바로 처리해서 보여준다. 이를 GSLB라 한다. GSLB는 'Global Server Load Balancing'의 약자로 DNS서비스의 발전된 형태이다. DNS는 서버의 상태를 알 수 없어 응답에 실패할 상황이 생길 수 있다. 그러나 GSLB는 등록된 호스트에 주기적으로 Health check를 한다. 이때 실패한 경우 DNS응답에서 실패한 호스트를 제거하여 서버의 가용성을 높일 수 있다. 간략하게 정리해보면 CDN은 1개의 서버에 여러 노드가 연결되어 있는 것이다.

[그림 13-62] CloudFront

AWS에서 제공하는 CDN서비스는 AWS CloudFront이다. AWS CloudFront는 전
세계에 배치된 Edge location을 이용하여 효율적인 콘텐츠 배포 구조를 제공한다.
(CDN에서는 Region이 아닌 Edge Server 혹은 Edge location이라 한다.)
실제 콘텐츠를 보관하는 서버를 Origin Server이라고 한다. CDN은 DNS와 Origin
Server 사이에 있어 URL을 통해 서비스를 이용하는 사용자는 CDN의 존재를 의식하
지 못한다.

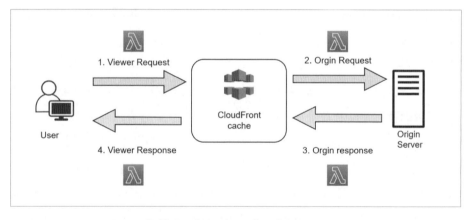

[그림 13-63] CloudFront와 Lambda@Edge

Amazon S3에 신규 버킷을 만든다. 버킷 이름은 'cloudfront-lambda-edge-test'로
했다.

[그림 13-64] 버킷 생성

생성한 버킷에 'test'라는 폴더를 생성한다.

[그림 13-65] 버킷에 폴더 추가

Html 파일을 로컬에 하나 생성한다. 본문은 본인이 원하는 내용으로 입력한다.

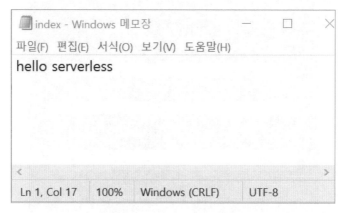

[그림 13-66] html 파일 예시

생성한 html 파일을 test 폴더 안에 업로드한다.

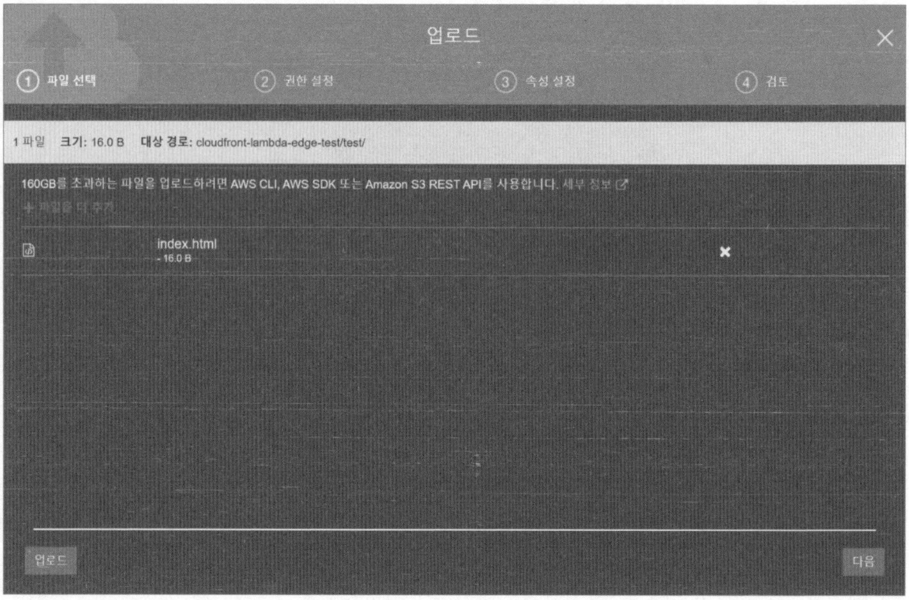

[그림 13-67] 파일 업로드

AWS CloudFront Management Console로 접근한다.

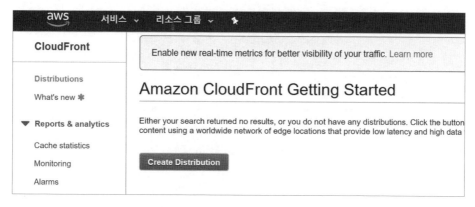

[그림 13-68] CloudFormation 매니지먼트 콘솔

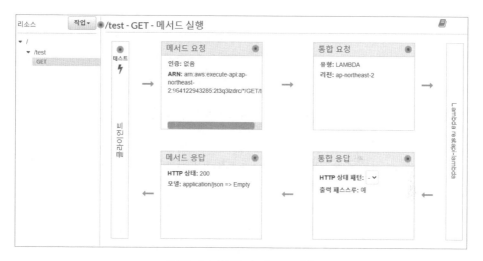

[그림 13-69] 신규 Distribution 생성

'Create Distribution'을 클릭하여 신규 Distribution으로 생성을 진행한다.

'Origin Settings'에서 신규 생성한 Amazon S3 버킷을 선택한다.

'Origin Path'는 '/test'를 입력한다. 이는 기본 Path를 test 폴더를 기준으로 설정한다
는 의미이다.

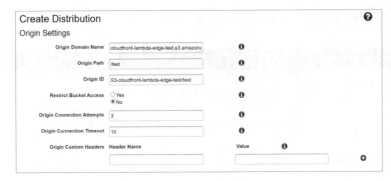

[그림 13-70] Origin Setting

[그림 13-71] Distribution 리스트

생성하면 Status 값이 'In Progress'로 생성이 진행되고 있음을 확인할 수 있다. ID 탭에 있는 부여받은 ID 값을 클릭한다.

'General' 탭을 기본으로 보여주며 생성한 'CloudFront Distribution'의 여러 옵션 탭을 확인할 수 있다.

[그림 13-72] Distribution 기본 정보

General' 탭에서 'Domain Name'의 값이 임의로 할당받은 CloudFront 도메인 이름이다.

POSTMAN으로 해당 GET으로 도메인을 호출하면 403 오류가 발생한다.

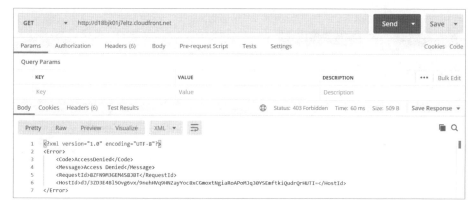

[그림 13-73] POSTMAN 테스트

General' 탭에서 'Edit' 버튼을 클릭하여 수정을 진행한다.

'Default Root Object'에 index.html을 입력한다.

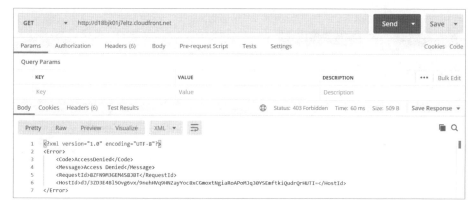

[그림 13-74] Distribution Settings - Default Root Object

Amazon S3 Management Console에서 타깃이 되는 버킷의 권한을 퍼블릭 권한으로 수정한다.

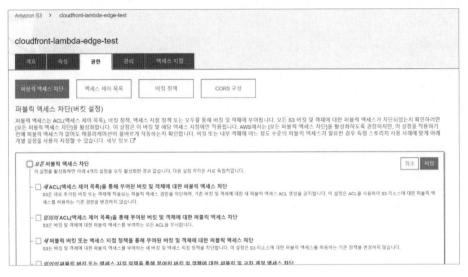

[그림 13-75] 버킷 권한 수정

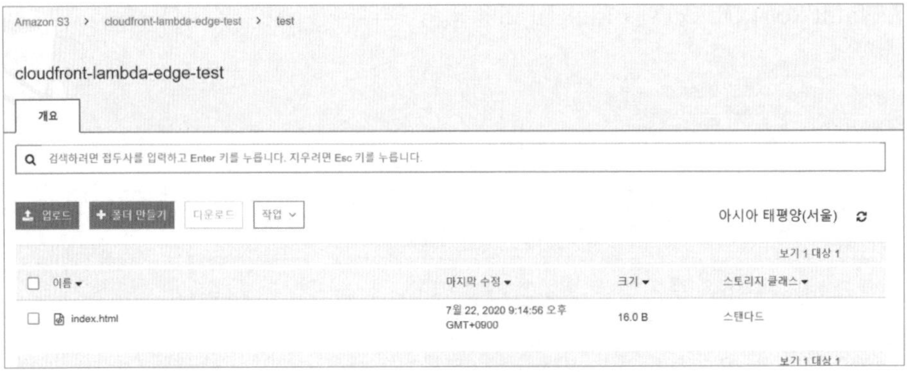

[그림 13-76] 버킷 파일 리스트

'test' 폴더에 index.html 파일을 클릭하여 정보를 확인한다.

'개요' 탭에 '퍼블릭으로 설정' 버튼을 클릭하여 파일을 퍼블릭으로 설정한다.

[그림 13-77] index.html 파일 정보

다시 POSTMAN으로 접근하면 200 OK와 함께 성공적으로 접근되었음을 확인할 수 있다.

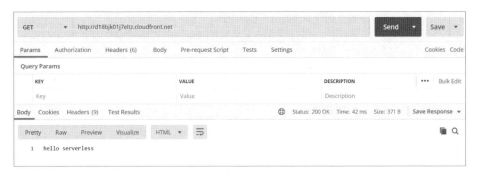

[그림 13-78] POSTMAN 테스트

Lambda 함수를 생성한다. Lambda@Edge는 현재 버지니아(us-east-1) 리전에서만
지원한다.
버지니아 리전에서 생성을 진행한다.

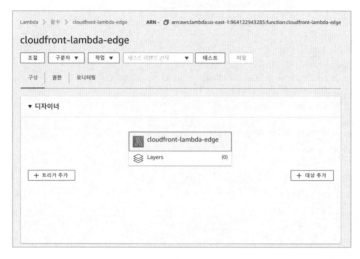

[그림 13-79] Lambda 함수

생성한 Lambda 함수를 CloudFront Lambda@Edge로 배포를 진행하기 위해 상단
에 있는 '작업' Select Box를 클릭하고 'Lambda@Edge 배포'를 선택한다.

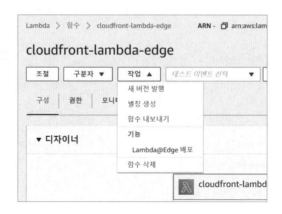

[그림 13-80] Lambda@Edge 배포

CloudFront 이벤트를 '뷰어 요청'을 선택하고 하단에 'Lambda@Edge로 배포 확인'
을 체크한다.

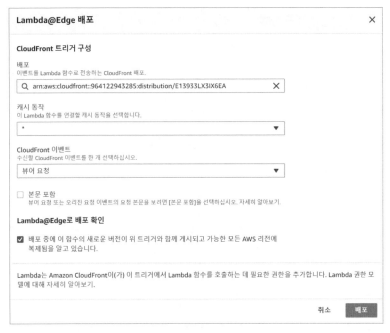

[그림 13-81] Lambda@Edge 배포 구성 및 배포

'배포'를 클릭하면 오류가 발생한다.

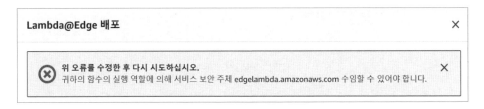

[그림 13-82] Lambda@Edge 배포 실패

오류를 해결하기 위해 '권한' 탭을 클릭하여 권한 편집을 진행한다.

[그림 13-83] Lambda 함수 역할 수정

'신뢰 관계' 탭을 확인하면 '신뢰할 수 있는 개체'에 '자격 증명 공급자'로 lambda. amazonaws.com이 등록되어 있음을 확인할 수 있다. 앞서 본 에러 내용을 해결하기 위해 '신뢰 관계 편집'을 클릭하여 편집화면으로 이동한다.

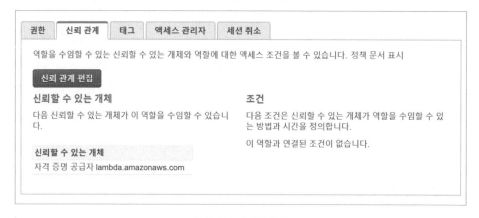

[그림 13-84] 신뢰 관계

신뢰 관계 편집화면에서 직접 'Service'에 "edgelambda.amazonaws.com"을 추가한다. 이때 2개의 값을 넣기 때문에 대괄호 []로 감싸는 것을 잊으면 안 된다.

신뢰 관계 편집

다음 액세스 제어 정책 문서를 편집하여 신뢰 관계를 사용자 지정할 수 있습니다.

정책 문서

```json
{
    "Version": "2012-10-17",
    "Statement": [
      {
        "Effect": "Allow",
        "Principal": {
          "Service": [
              "lambda.amazonaws.com",
              "edgelambda.amazonaws.com"
              ]
        },
        "Action": "sts:AssumeRole"
      }
    ]
}
```

[그림 13-85] 신뢰 관계 편집

편집을 완료했으면 동일하게 Lambda@Edge 배포하기를 진행한다.

[그림 13-86] Lambda@Edge 배포 성공

배포를 진행하면 자동으로 버전이 생성된다. 버전을 기준으로 Lambda@Edge가 배포되는 구조이다.

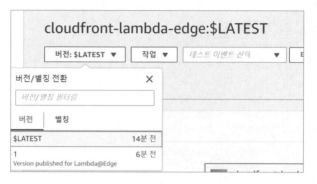

[그림 13-87] Lambda 함수 버전

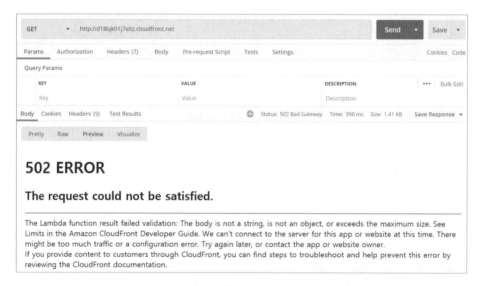

[그림 13-88] POSTMAN 테스트

POSTMAN을 이용하여 테스트를 진행하면 502 에러를 확인할 수 있다. 이는 View Request에서 Lambda@Edge를 호출하면서 이전의 Request 값에 대해 Lambda 함수에서 Return 하지 않고 임의로 기본 소스코드 내용인 200 상태 값을 Return 하기 때문이다. 오류를 해결하기 위해 함수의 소스코드를 수정한다. 수정하는 내용은 Request 값을 동일하게 Return 해주는 것이다.

```
1  import json
2
3  def lambda_handler(event, context):
4
5      request = event.get("Records")[0].get("cf").get("request")
6
7      return request
```

lambda_function ×

[그림 13-89] Lambda 함수 - 소스 코드 수정

수정이 완료되면 Lambda@Edge배포를 다시 진행한다. 다시 진행할 때 옵션으로는
'이 함수에 기존 CloudFront 트리거 사용'을 선택하여 배포한다.

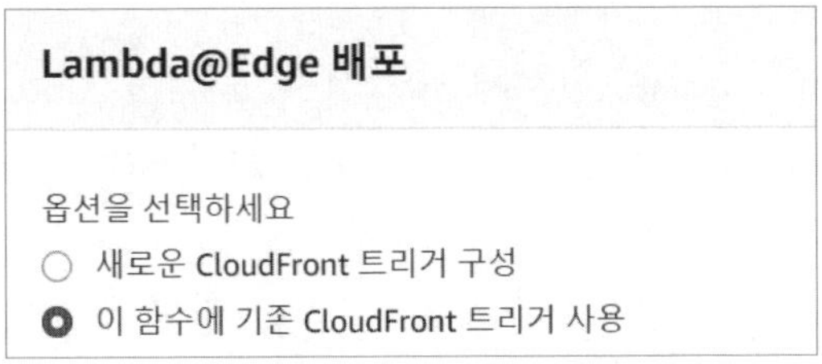

Lambda@Edge 배포

옵션을 선택하세요
○ 새로운 CloudFront 트리거 구성
● 이 함수에 기존 CloudFront 트리거 사용

[그림 13-90] Lambda@Edge 배포 옵션

배포가 완료되면 POSTMAN으로 테스트를 진행한다. 200 OK라는 상태 값과 함께
테스트가 성공했음을 확인할 수 있다.

[그림 13-91] POSTMAN 테스트

Lambda 함수의 소스코드를 수정한다. 수정 내용은 Header 값의 'authorization'이라는 키의 값을 확인하고 상태 코드를 Return 해주는 코드이다. 이를 이용해 Header 값으로 상태 코드를 제어할 수 있음을 확인할 수 있다. 이와 동일하게 중간에 A/B 로직을 삽입하는 등의 여러 로직을 진행할 수 있다.

```python
import json
import boto3

from botocore.exceptions import ClientError

def lambda_handler(event, context):
    try:
        request = event.get("Records")[0].get("cf").get("request")
        authKey = request.get("headers").get("authorization")[0]
["value"]

        if authKey != "helloserverless":
            return {
                "status": 401,
                "statusDescription": "Unauthorized",
            }

    except ClientError as e:
        print(e.response["Error"]["Message"])

        return {
            "status": 500,
            "statusDescription": "Internal server error",
        }
```

```
return request
```

소스코드 수정이 완료되면 저장을 진행하고 Lambda@Edge 배포를 진행한다.
배포가 완료되면 POSTMAN에서 Headers에 KEY/VALUE를 추가한다. 소스코드
내용과 동일하게 'authorization'이라는 Key에 'helloserverless'라는 값을 넣고
GET으로 테스트를 진행하면 성공한 모습을 다음과 같이 확인할 수 있다.

[그림 13-92] POSTMAN 테스트

이번에는 값을 '1234' 등 엉뚱한 값으로 변경하고 호출해본다. 맞지 않은 값을
Lambda 함수가 확인하고 401 Unauthorized 상태 값을 Return 해준다.

[그림 13-93] POSTMAN 테스트

13.4 AWS CodeStar로 빠르게 웹 서비스 만들기

어떤 서비스를 구현하고 그 가능 여부를 판별하기 위해 많은 테스트 성격의 서비스를 구축하는 경우가 아주 많다. 이때 테스트 성격의 서비스 하나를 위해 꽤 많은 리소스가 필요한데 이를 간단하고 빠르게 구축할 수 있는 방법이 있다. 서버리스 환경으로 빠르게 Prototype 서비스를 만들어보는 것이다. AWS에서는 AWS CodeStar라는 서비스를 제공해준다.

[그림 13-94] AWS CodeStar

AWS CodeStar를 사용하면 개발, 빌드 그리고 배포까지 클릭 몇 번으로 빠르게 서비스를 구현할 수 있다. 여러 가지 프로젝트를 템플릿화 하여 제공해주는데 이를 통해 웹 애플리케이션, 웹 서비스, 정적 웹 사이트, AWS Config 규칙까지 선택할 수 있다. 또한 프로그래밍 언어도 많은 종류를 지원한다. C#, Go, Java, Node.js, Python 등 제공하며, AWS Elastic Beanstalk, Amazon EC2, AWS Lambda 서비스를 기반으로 사용할 수 있다.

AWS CodeStar Management Console로 이동한다.

[그림 13-95] CodeStar 서비스 찾기

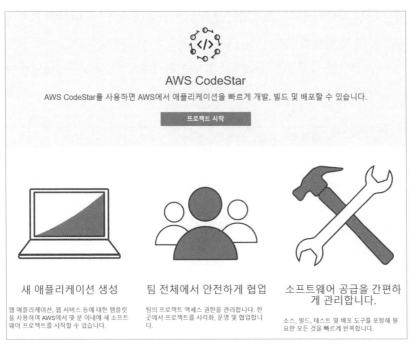

[그림 13-96] CodeStar 메인

'프로젝트 시작' 버튼을 클릭하여 프로젝트 생성 페이지로 이동한다.

[그림 13-97] 템플릿 리스트

프로젝트 생성 페이지에서는 프로젝트 템플릿을 선택할 수 있다. 여러 프로젝트 템플릿이 존재하며 각 상황에 따라 자신에게 가장 필요한 성격의 템플릿을 선택하면 된다. 좌측 메뉴로 필터를 제공해주고 있어서 필요한 환경에 대한 정보를 필터링하여 보다 쉽게 접근할 수 있다.

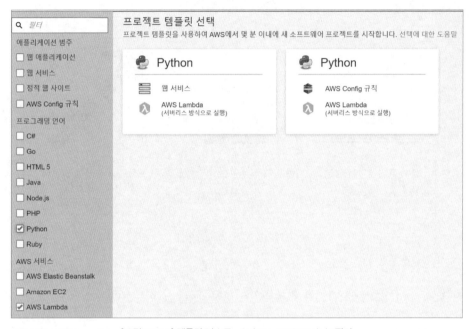

[그림 13-98] 템플릿 리스트 - Python, AWS Lambda 필터

언어는 Python을 선택하고 AWS 서비스는 AWS Lambda를 선택하면 Python을 이용하여 웹 서비스를 만들 수 있는 템플릿을 확인할 수 있다. Python 웹 서비스를 선택한다.

[그림 13-99] 프로젝트 정보

AWS CodeStar는 AWS CodeCommit와 GitHub를 사용할 수 있다. AWS CodeCommit는 AWS에서 제공하는 Git 기반의 관리형 소스 제어 서비스이다.

[그림 13-100] 프로젝트 세부 정보 검토

다음 단계에서는 프로젝트의 세부 정보를 검토할 수 있다. 일반적인 웹 서비스 개발 프로젝트를 진행하는 플로를 제공해준다. AWS CodeCommit를 사용하여 소스를 관리하고 AWS CodeBuild를 사용하여 코드를 빌드하고 테스트한다. 배포는 AWS CloudFormation을 사용하고 모니터링은 Amazon CloudWatch를 사용한다.

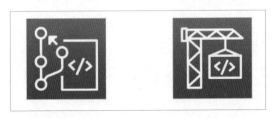

[그림 13-101] AWS CodeCommit(좌) AWS CodeBuild(우)

[그림 13-102] 코드 편집 도구 선택 (옵션)

AWS CodeStar는 소스코드 편집에 필요한 AWS Toolkit을 이용해서 Visual Studio 와 Eclipse에서 사용할 수 있다. 리포지토리 복제 URL을 제공해주며, 이를 이용하여 자신에게 편한 방법으로 소스코드를 관리할 수 있다.

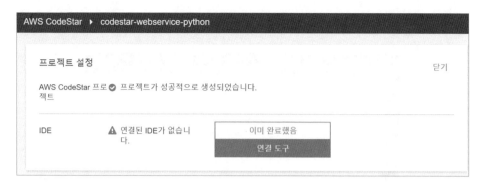

AWS CodeStar ▸ codestar-webservice-python

프로젝트 설정

닫기

AWS CodeStar 프로 ✔ 프로젝트가 성공적으로 생성되었습니다.
젝트

IDE   ⚠ 연결된 IDE가 없습니   이미 완료했음
다.
연결 도구

[그림 13-103] 프로젝트 설정 - IDE

프로젝트가 생성되면 대시보드에서 확인할 수 있다. 대시보드도 편집이 가능하다. 대시보드 타일은 'JIRA 문제 추적', '팀 위키', '연속 배포', '애플리케이션 활동', '애플리케이션 엔드 포인트', 'Git Hub 문제 추적'을 제공해준다. 대시보드 성격에 맞게 타일은 드래그 앤 드랍으로 위치를 제어할 수 있다.

Lambda ﹥ 함수 ﹥ awscodestar-codestar-webser-lambda-HelloWorld
ARN - 🗐 arn:aws:lambda:ap-northeast-2:964122943285:function:awscodestar-codestar-webser-lambda-HelloWorld

awscodestar-codestar-webser-lambda-HelloWorld

조절   구분자 ▼   작업 ▼   테스트 이벤트 선택 ▼   테스트   저장

ⓘ 애플리케이션에 속한 함수입니다. 이 함수를 관리하려면 여기를 클릭하십시오.   ✕

구성 | 권한 | 모니터링

▼ 디자이너

애플리케이션으로 awscodestar-codestar-webser-infrastructure이동

λ awscodestar-codestar
-webser-lambda-Hell
oWorld
☰ Layers   (0)

+ 트리거 추가   + 대상 추가

[그림 13-104] Lambda 함수

AWS Lambda에서 CodeStar에서 배포한 Lambda 함수를 확인할 수 있다.

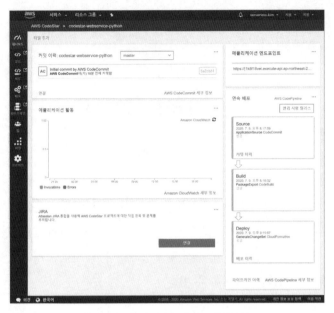

[그림 13-105] AWS CodeStar 대시보드

좌측 메뉴의 코드 메뉴를 선택하면 AWS CodeCommit 페이지가 새 창으로 열린다.

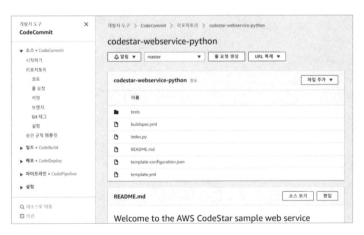

[그림 13-106] AWS CodeCommit 매니지먼트 콘솔

AWS CodeCommit에서는 코드를 직접 제어할 수 있다. 좌측 메뉴의 빌드 메뉴를 선택하면 AWS CodeCommit으로 새 창으로 열리는 것과 동일하게 새 창으로 AWS CodeBuild 페이지가 열린다.

[그림 13-107] AWS CodeBuild 매니지먼트 콘솔

AWS CodeBuild는 AWS에서 제공하는 완전 관리형 빌드 서비스이다. 소스코드를 컴파일 하고 단위 테스트를 실행할 수 있으며, 배포 전까지 단계를 실행할 수 있다. 배포는 AWS CodeDeploy를 사용한다. AWS CodeDeploy는 Amazon EC2 인스턴스, 온프레미스 인스턴스, Lambda 함수 그리고 Amazon ECS를 배포하는 자동화 배포 서비스이다. AWS CodePipeline을 사용하여 빌드, 배포, 테스트 등 전체 릴리즈 프로세스를 모델링 할 수 있다. AWS CodePipeline이 정의된 워크플로우를 사용하면 새로운 변경사항을 일관되게 품질 검사를 진행하여 업데이트 속도와 품질을 높일 수 있다.

[그림 13-108] AWS CodeDeply(좌) AWS CodePipeline(우)

[그림 13-109] 프로젝트 팀

AWS CodeStar는 프로젝트 팀을 관리할 수 있다. 팀 관리를 통해 사용자 권한을 제어한다.

프로젝트 확장으로는 GitHub 문제와 Atlassian JIRA를 확장하여 사용할 수 있다.

AWS CodeStar ▸ codestar-webservice-python ▸ 프로젝트

ℹ️ **중요:** 프로젝트 코드 직업을 수행하려면 먼저 프로젝트의 리포지토리에 연결해야 합니다.

연결 도구   문서 열기 ⧉
코드를 커밋하고 애플리케이션에 대해 작업할 수 있도록 이를 설정합니다.

[연결 도구]

프로젝트 세부 정보

이름	스택 이름	ARN
codestar-webservice-python	awscodestar-codestar-webser	arn:aws:codestar:ap-northeast-2:964122943285:project/codestar-webser

프로젝트 리소스

유형	이름	ARN
AWS APIGateway	j1k8f18vei	arn:aws:execute-api:.ap-northeast-2:964122943285:j1k8f18vei
AWS CloudFormation	stack/awscodestar-codestar-webs...	arn:aws:cloudformation:ap-northeast-2:964122943285:stack/awscodestar-codestar-webser/81d49950-c1d...
AWS CloudFormation	stack/awscodestar-codestar-webs...	arn:aws:cloudformation:ap-northeast-2:964122943285:stack/awscodestar-codestar-webser-infrastructure/0...
AWS CodeBuild	project/codestar-webser	arn:aws:codebuild:ap-northeast-2:964122943285:project/codestar-webser
AWS CodeCommit	codestar-webservice-python	arn:aws:codecommit:ap-northeast-2:964122943285:codestar-webservice-python
AWS CodeDeploy	deploymentgroup:codestar-webse...	arn:aws:codedeploy:ap-northeast-2:964122943285:deploymentgroup:codestar-webser/awscodestar-codes...
AWS CodeDeploy	application:awscodestar-codestar...	arn:aws:codedeploy:ap-northeast-2:964122943285:application:awscodestar-codestar-webser-infrastructur...
AWS CodePipeline	codestar-webser-Pipeline	arn:aws:codepipeline:ap-northeast-2:964122943285:codestar-webser-Pipeline
AWS IAM	role/CodeStarWorker-codestar-w...	arn:aws:iam::964122943285:role/CodeStarWorker-codestar-webser-CloudFormation
AWS IAM	role/CodeStarWorker-codestar-w...	arn:aws:iam::964122943285:role/CodeStarWorker-codestar-webser-CodeDeploy
AWS IAM	role/CodeStar-codestar-webser-E...	arn:aws:iam::964122943285:role/CodeStar-codestar-webser-Execution
AWS IAM	role/CodeStarWorker-codestar-w...	arn:aws:iam::964122943285:role/CodeStarWorker-codestar-webser-ToolChain
AWS IAM	policy/CodeStar_codestar-webser...	arn:aws:iam::964122943285:policy/CodeStar_codestar-webser_PermissionsBoundary
AWS Lambda	function:awscodestar-codestar-w...	arn:aws:lambda:ap-northeast-2:964122943285:function:awscodestar-codestar-webser-lambda-HelloWorld
Amazon S3	aws-codestar-ap-northeast-2-964...	arn:aws:s3:::aws-codestar-ap-northeast-2-964122943285-codestar-webser-pipe

태그

태그는 사용자가 AWS가 AWS 리소스에 할당하는 레이블입니다. 각 태그는 키와 값으로 구성됩니다. 태그를 이용하면 리소스를 정리할 수 있고, 비용 할당 태그를 이용하면 AWS 비용을 더 자세히 추적할 수 있습니다. 자세히 알아보기

새 태그 생성

키	값	
[ ]	[ ]	[✦ 태그 추가]

현재 태그

이 리소스에 연결된 태그가 없습니다.

[프로젝트 삭제]

[그림 13-110] 프로젝트 상세 정보

좌측 메뉴의 프로젝트 메뉴를 클릭하면 프로젝트의 세부 정보 및 리소스를 관리할 수 있으며, 태그를 사용할 수 있다.

```
{"output": "Hello World", "timestamp": "2020-07-09T11:48:24.470631"}
```

[그림 13-111] 엔드 포인트 접근 결과

개발자 도구 〉 CodeCommit 〉 리포지토리 〉 codestar-webservice-python

codestar-webservice-python

알림 ▼ | master ▼ | 풀 요청 생성 | URL 복제 ▼

codestar-webservice-python / index.py 정보 | 편집

```python
1  import json
2  import datetime
3
4
5  def handler(event, context):
6      data = {
7          'output': 'Hello World',
8          'timestamp': datetime.datetime.utcnow().isoformat()
9      }
10     return {'statusCode': 200,
11             'body': json.dumps(data),
12             'headers': {'Content-Type': 'application/json'}}
13
```

[그림 13-112] 소스코드 수정(전)

AWS CodeCommit에서 index.py를 클릭하면 소스코드를 확인할 수 있다. 그리고 Management Console에서 직접 편집도 가능하다. 대시보드의 애플리케이션 엔드 포인트(Amazon API Gateway)를 통해 접근하면 현재 서비스를 접근할 수 있다.

Index.py 소스코드와 Test 코드를 'Hello World'에서 'Hello Serverless'로 변경한다.

[그림 13-113] 소스코드 수정 (후)

[그림 13-114] 소스코드 수정 - 테스트 파일

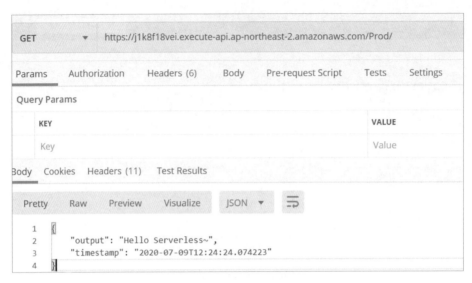

[그림 13-115] POSTMAN 테스트

수정한 소스코드가 정상 배포되었는지 엔드 포인트로 다시 접속해서 확인한다.

이처럼 AWS CodeStar를 사용하면 빠르게 웹 서비스를 구축할 수 있다. 이를 이용하여 실제 서비스를 구축하거나 Prototype 환경을 빠르게 구축하여 원하는 서비스를 구현할 수 있다.

> **참고**
>
> **서버리스 웹 애플리케이션을 빠르게 만들려면**
>
> 프론트엔드를 S3와 CloudFront를 이용하여 정적 웹 사이트를 구성하고 CodeStar를 이용하여 Python 기반의 Lambda를 이용한 서버리스 기반 백 엔드를 구축하면 하나의 서버리스 웹 애플리케이션을 아주 빠르고 간편하게 만들 수 있다.

## CHAPTER 14

부록 – 개발환경 세팅

14_ 개발환경 세팅

14.1 Python(v3.8)

[그림 14-1] Python

수많은 개발언어 환경이 있지만 본 책에서는 Python(v3.8)을 기준으로 진행한다.
Python을 설치하기 위해 Python 공식 사이트로 접속한다.

Python 공식 사이트 https://www.python.org/downloads/

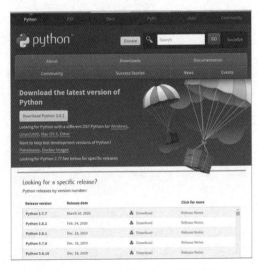

[그림 14-2] Python 공식 사이트 메인 페이지

사이트 메인 화면에 있는 'Download Python'을 클릭하면 다운로드가 진행되는데 이는 32비트로 파일이 설치되기 때문에 64비트 사용자는 하단에 자신의 OS에 맞는 버전을 클릭하여 다운로드한다.

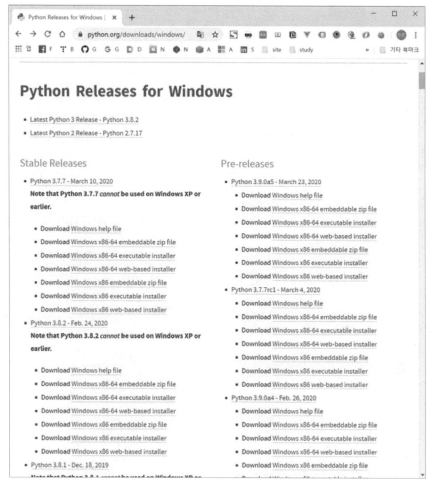

[그림 14-3] Python 공식 사이트 다운로드 페이지

사이트에는 Stable Releases와 Pre-releases를 제공한다. 안정적인 버전을 이용하기 위해 Stable Releases를 다운로드한다.

[그림 14-4] Python 설치

설치 진행 시 'Add Python 3.8 to PATH'를 체크 하면 자동으로 PATH가 설정된다.

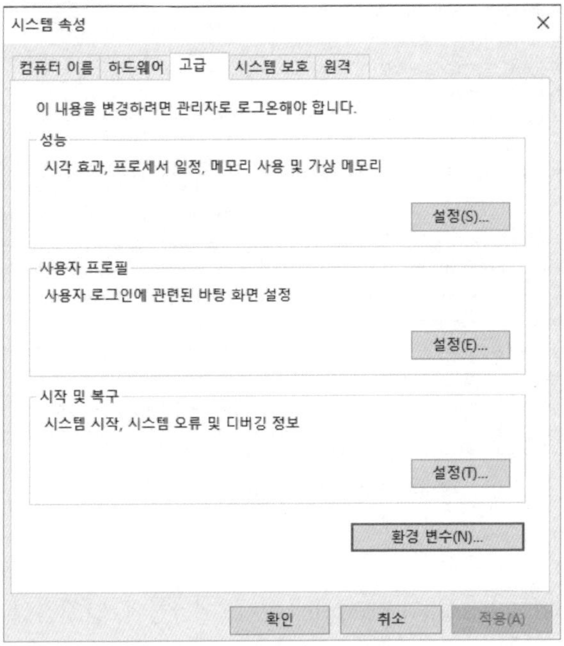

[그림 14-5] Python 설치

환경변수에 접근하면 [그림 14-6]과 같이 환경변수가 추가되었다.

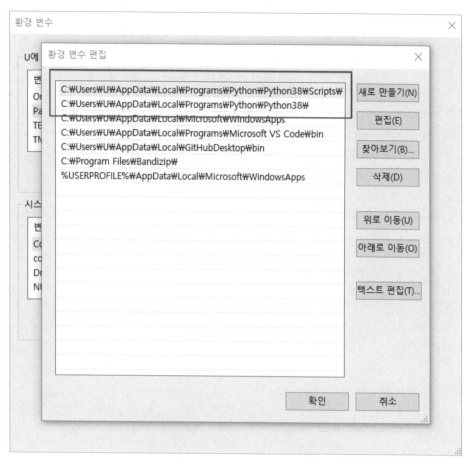

[그림 14-6] Windows 시스템 속성 - 환경변수 편집

설치가 완료되었다면 Windows PowerShell을 이용하여, 설치한 Python의 버전을
확인한다.

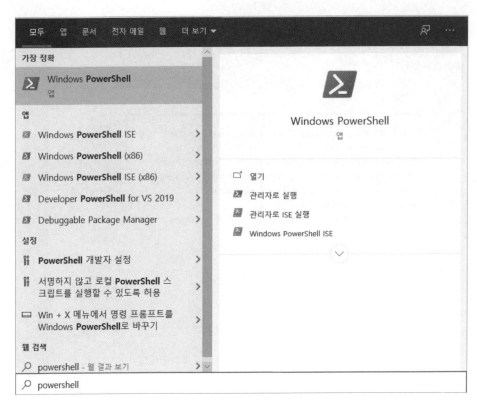

[그림 14-7] Windows PowerShell

시작버튼 > powershell 검색 > 관리자로 실행 > python –version 입력

[그림 14-8] Windows PowerShell - Python 버전 확인

14.2 Visual Studio Code

[그림 14-9] Visual Studio Code Logo

Visual Studio Code(이하 VSCode)는 일반적으로 많이 사용하는 에디터이다. 수많은
개발자가 현재도 사용하고 있으며, 강력한 익스텐션들이 존재해 꾸준히 사랑받고 있
다. VSCode를 설치하기 위해 공식 사이트로 접속한다.

Visual Studio Code 공식 사이트 - https://code.visualstudio.com/download

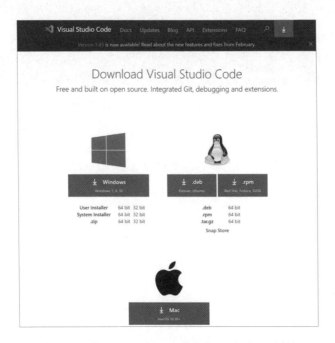

[그림 14-10] Visual Studio Code 공식 사이트 다운로드 페이지

사이트에 접근하여 OS에 맞는 인스톨 프로그램을 다운로드한다.

[그림 14-11] Visual Studio Code 최초 실행 화면

설치하고 실행하면 [그림 14-11]과 같은 화면을 볼 수 있는데, 초기 설치 시 영문 버전이 설치되는 경우에 한글 버전을 설치한다.

• 설치순서

(1) 좌측 메뉴 중에 Extension ⊞ 아이콘을 클릭한다.

(2) 검색창에 Korea를 입력하여 'Korean Language Pack for Visual Studio Code'를 클릭한다.

(3) 'Install'을 진행한다.

(4) 우측하단의 'Restart Now'를 클릭하여 재시작한다.

14.3 Postman

[그림 14-12] POSTMAN

포스트맨Postman은 API를 테스트하고, 테스트 결과를 공유하는 서비스이다. 초기에는 Chrome 브라우저의 확장 프로그램Extentions으로 제공되었으나, 현재는 OS에서 사용할 수 있는 네이티브 버전으로 확장되었다. 비슷한 API Test Tool이 많이 존재하며, POSTMAN은 가장 범용적인 Tool 중 하나이다. 무료 버전과 유료 버전이 존재하며, 무료 버전으로도 충분한 성과를 낼 수 있다.

Postman 공식 사이트 - https://www.postman.com/downloads/

[그림 14-13] POSTMAN 공식 사이트 메인 페이지

사이트에 접근하면 메인 화면에 Download 버튼이 있다. 해당 버튼에 마우스를 올리면 32bit/64bit를 선택해서 다운로드할 수 있다.

[그림 14-14] POSTMAN 최초 실행 화면 (로그인 전)

설치를 완료하면 Login 화면이 나오며, 회원가입을 진행하고 로그인한다.

[그림 14-15] POSTMAN 최초 실행 화면 (로그인 후)

로그인 완료하면 앞으로는 로그인 한 계정으로 테스트한 내역들이 히스토리에 저장된다.

14.4 AWS CLI

AWS CLI란 AWS Command Line Interface이다. 이는 Command Line을 사용하여 AWS 서비스와 Interface를 할 수 있는 오픈소스 도구이다. AWS에는 브라우저 기반의 AWS Management Console을 제공하는데 AWS CLI는 이와 동일한 기능을 제공한다. Windows의 경우는 PowerShell 또는 Windows 명령 프롬프트에서 사용하며, 앞에 설치한 Visual Studio Code에서도 터미널을 이용하여 사용할 수 있다. 이때 터미널을 PowerShell 혹은 Windows 명령 프롬프트로 선택하여 사용한다. 현재 AWS CLI는 버전1과 버전2가 존재하는데 최신 메이저 버전인 버전2를 설치한다. 설치하는 공식 URL은 https://awscli.amazonaws.com/AWSCLIV2.msi 이다. 설치파일을 다운로드해 실행한다.

[그림 14-16] AWS CLI 설치

기본 설치 경로는 C:₩Program Files₩Amazon₩AWSCLIV2 이다. 설치된 AWS CLI의 버전을 체크 하기 위해 Python의 버전 확인과 동일한 과정을 진행한다.

Aws –version

[그림 14-17] Windows PowerShell으로 AWS CLI 버전 확인

14.5 Docker

[그림 14-18] Docker

Docker는 Linux 컨테이너를 만들고 사용할 수 있도록 하는 컨테이너화 기술이다. Docker를 사용하여 컨테이너를 가벼운 가상 머신처럼 다루고 이를 구축, 배포, 복사를 할 수 있다. Docker를 사용하여 각각 다른 개발환경을 하나로 통일할 수 있다. 특히 윈도우를 주로 사용하는 작업환경이 아직 많다. 이때 Linux 기반의 프로젝트를 진행할 때 과거에는 VM을 주로 사용했는데, 현재는 Docker를 기반으로 모든 조직원들이 같은 이미지를 이용하여 통일된 환경에서 작업을 진행한다. 하지만 Docker는 완벽한 Linux 환경을 제공해줄 수 없다. 필요시 여전히 VM을 이용하기도 한다. 이 책에서는 Docker를 이용하여 AWS의 환경으로 최대한 비슷하게 갖추고 실습을 진행한다.

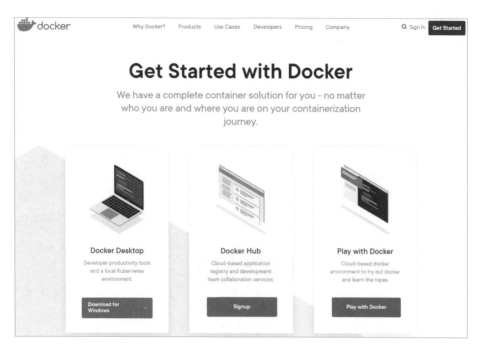

[그림 14-19] Docker 공식 사이트 메인 페이지

https://www.docker.com/get-started 사이트에서 'Docker Desktop'을 다운로드해 설치를 진행한다.

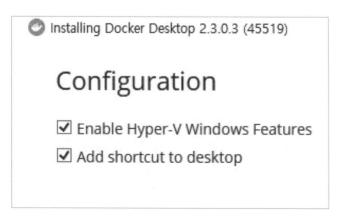

[그림 14-20] Docker Configuration

Docker는 Windows 환경에서 Hyper-V를 사용해야 한다. 기본으로 체크된 상태 그대로 설치를 진행한다.

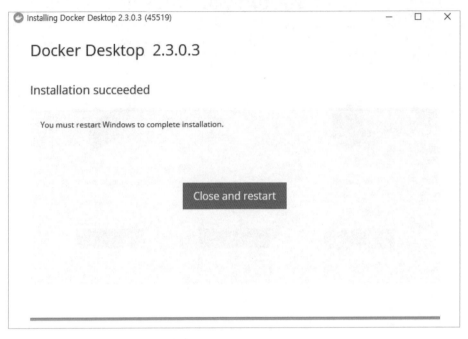

[그림 14-21] Docker 설치 완료

재부팅하면 Docker가 설치 완료된다.

만약 Hyper-v에 문제가 있다면 powershell을 관리자 권한으로 실행하고 아래의 내용을 입력하고 완료 후 재부팅한다.

```
Enable-WindowsOptionalFeature -Online -FeatureName Microsoft-
Hyper-V -All
```

다른 방법으로는 프로그램 및 기능에서 Windows 기능 켜기/끄기에서 Hyper-v를 활성화할 수 있다.

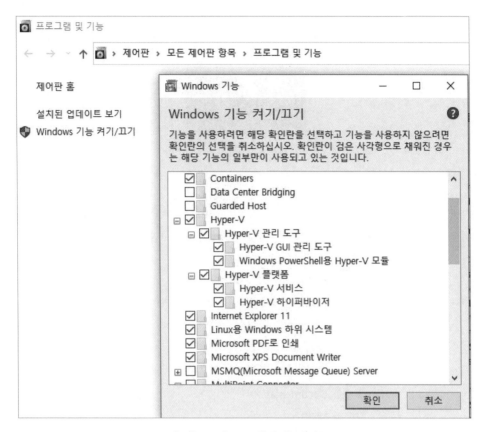

[그림 14-22] 프로그램 및 기능 설정

이렇게 했음에도 Hyper-V 관련 오류로 Docker가 실행되지 않는다면 PC의 메인보드 BIOS 설정에서 가상화를 허용하지 않아서 발생하는 경우도 있다. 제조사마다 다르지만 보통 F12 혹은 Del 버튼을 연타하여 윈도우 부팅 전에 BIOS 모드로 진입하고, Advanced Mode로 진입한다.

CPU Configuration에서 Virtualization 관련 기능을 찾아서 enable로 변경해준다. (Virtualization이 보이지 않는다면 CPU Configuration 내에서 메뉴 하나하나 옮겨가며 설

명을 읽어보면 Virtualization을 찾을 수 있다.)

자신의 메인보드를 확인하고 'BIOS 가상화 설정' 키워드로 검색하고 해결하는 방법을 추천한다.

설치가 완료되면 우측하단에 Docker 아이콘이 활성화 되어 있음을 확인할 수 있다.

[그림 14-23] 상태 표시줄 - 도커 실행 아이콘

해당 아이콘을 우 클릭하면 메뉴를 확인할 수 있다. Setting이나 Dashboard를 접근할 수 있으며, Docker 계정이 있다면 로그인하여 이미지 파일을 관리할 수 있다.

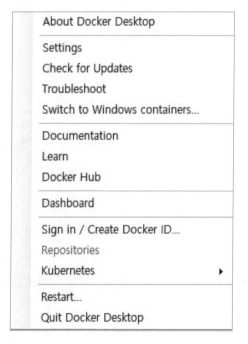

[그림 14-24] Docker 아이콘 메뉴

14.6 Draw.io

[그림 14-25] draw.io

AWS 아키텍처 다이어그램을 작성할 때 필요한 아이콘을 AWS에서 제공해주고 있다. https://aws.amazon.com/architecture/icons 에 접속해서 필요한 아이콘을 다운로드해 기존에 사용 중인 다이어그램 툴을 이용해서 구성도를 설계하면 된다.

구성도를 그리는 데 사용하던 툴이 없다면 Draw.io를 추천한다. Draw.io는 많은 아이콘을 제공해주고 온라인 환경에서 Google 계정, 원드라이브(OneDrive)로 관리할 수 있고 파일 포맷은 이미지, Html, XML으로 편집하기 때문에 편집에 용이하다. https://www.draw.io/ 에서 사용이 가능하다.

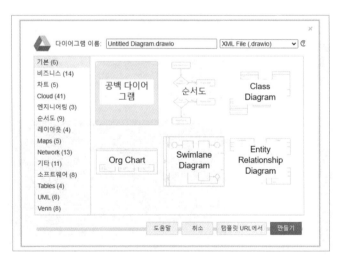

[그림 14-26] 다이어그램 선택

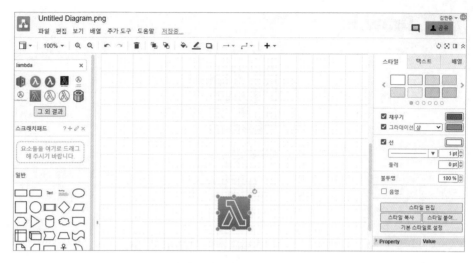

[그림 14-27] draw.io 사용 화면

2020년 5월부터 VSCode^{Visual Studio Code}의 Extension을 제공하여 브라우저를 사용하지 않고 drawio 파일 형태로 관리가 가능하다. 파일로 관리가 된다는 것은 Git과 같은 서비스를 이용하여 버전 관리가 가능하다는 가장 큰 장점을 꼽을 수 있다. XML 코드 혹은 HTML 코드 기반으로 작성하면 소스코드를 사용하여 조금 더 세세한 컨트롤이 가능하다.

[그림 14-28] Visual Studio Code Extention

VSCode의 Extension에 drawio로 검색하면 Draw.io Integration이 존재한다. 파일을 신규 생성을 하고 확장자를 drawio로 저장하면 자동으로 VSCode 화면 내의 이미지와 같이 나타난다.

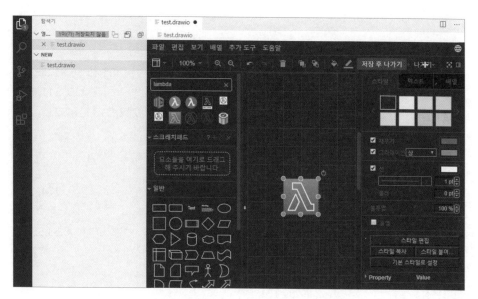

[그림 14-29] Visual Studio Code에서 draw.io 실행 화면

Vscode-drawio 공식 GitHub - https://github.com/hediet/vscode-drawio

찾아보기

AWS Lambda로 시작하는 서버리스

서버리스 아키텍처 입문을 위한

초판 1쇄 발행 | 2020년 10월 30일

지은이 | 김민준
펴낸이 | 김범준
기획/책임편집 | 김용기
교정교열 | 윤구영
편집 디자인 | 이승미
표지 디자인 | 정다운

발행처 | 비제이퍼블릭
출판신고 | 2009년 05월 01일 제00-2009-38호
주소 | 서울시 중구 청계천로 100 시그니처타워 서관 10층 1011호
주문/문의 | 02-739-0739   **팩스** | 02-6442-0739
홈페이지 | https://bjpublic.co.kr   **이메일** | bjpublic@bjpublic.co.kr

가격 | 26,000원
ISBN | 979-11-6592-019-7
한국어판 ⓒ 2020 비제이퍼블릭

소스코드 다운로드 | https://github.com/bjpublic/aws_lambda